CADERNOS DE PROCESSO DO TRABALHO

N. 42

AÇÃO RESCISÓRIA

QUARTA PARTE

De acordo com a Lei n. 13.467/2017 (Reforma Trabalhista)

Dedico este Caderno

ao Armando Casimiro Costa Filho, *in memoriam*.

Manoel Antonio Teixeira Filho

Advogado — Juiz aposentado do TRT da 9.ª Região – Fundador da Escola da Associação dos Magistrados do Trabalho do Paraná — Professor Emérito do Centro Universitário de Curitiba-Unicuritiba – Professor na Escola da Magistratura do Trabalho do Paraná — Membro do Instituto Latinoamericano de Derecho del Trabajo y de la Seguridad Social — do Instituto de Direito Social do Brasil —da Société Internacionale de Droit du Travail et de la Sécurité Sociale— do Instituto dos Advogados do Paraná — da Academia Nacional de Direito do Trabalho – da Academia Paranaense de Letras Jurídicas – do Instituto dos Advogados de São Paulo

CADERNOS DE PROCESSO DO TRABALHO

N. 42

AÇÃO RESCISÓRIA

QUARTA PARTE

De acordo com a Lei n. 13.467/2017 (Reforma Trabalhista)

LTr®

LTr Editora Ltda

Rua Jaguaribe, 571
CEP 01224-003
São Paulo, SP — Brasil
Fone (11) 2167-1101
www.ltr.com.br
Dezembro, 2021

Produção Gráfica e Editoração Eletrônica: PIETRA DIAGRAMAÇÃO
Projeto de capa: DANILO REBELLO
Impressão: GRAFNORTE

Versão impressa— LTr 6042.4 — ISBN 978-65-5883-118-1
Versão digital— LTr 9830.4— ISBN 978-65-5883-122-8

Dados Internacionais de Catalogação na Publicação (CIP)

(Câmara Brasileira do Livro, SP, Brasil)

Teixeira Filho, Manoel Antonio

Cadernos de processo do trabalho n. 42: ação rescisória: quarta parte/Manoel Antonio Teixeira Filho. – 1. ed. – São Paulo: Ltr, 2021. "De acordo com a Lei n. 13.467/2017 (reforma trabalhista)"

Bibliografia.

ISBN 978-65-5883-118-1

1. Ação rescisória – Brasil 2. Direito processual do trabalho 3. Direito processual do trabalho – Brasil I. Título.

21-90983 CDU-347.9:331(81)

Índice para catálogo sistemático:

1. Brasil: Direito processual do trabalho 347.9:331(81)

Aline Graziele Benitez – Bibliotecária - CRB-1/3129

SUMÁRIO

CAPÍTULO XXIII

EXECUÇÃO DA DECISÃO RESCINDENDA E SUA SUSPENSÃO

Comentário

Em outro livro, quando vigente o CPC de 1973, dissemos que a expressão "sentença rescindenda" continha duas impropriedades, nada obstante devamos reconhecer que por ela a doutrina e a jurisprudência vinham manifestando especial afeição: a) em primeiro lugar, o substantivo **sentença** era restritivo (*minus dixit quam voluit*), pois segundo a declaração que provinha do art. 162, § 1º, do sobredito Código, identificava apenas os pronunciamentos decisórios (extintivos do processo) emanados dos órgãos de primeiro grau de jurisdição (Varas do Trabalho e Varas da Justiça Comum estadual); com vistas a isso, chegamos a dizer que se se pretendesse referir aos provimentos oriundos dos demais graus de jurisdição, melhor seria que se falasse em **decisão**, uma vez que, em seu sentido genérico, se compreendiam, igualmente, os acórdãos (CPC, art. 163); b) em segundo, o vocábulo **rescindenda** constituia criação arbitrária da doutrina, pois destituído de previsão léxica; com esse neologismo se queria exprimir a decisão que estava sendo atacada pela via rescisória, e não aquela que já havia sido desconstituída, pois, nesse caso, deveríamos empregar o adjetivo **rescindida**.

Concluíamos, escrevendo: "Em respeito a uma tradição que não chega a ser afrontosa da pureza linguística, continuaremos a fazer uso dos termos rescindenda e rescindente, sem abdicarmos, entretanto, das ressalvas exaradas; não há negar que ditos neologismos constituem profícua homenagem à síntese"(Ação rescisória no processo do trabalho, São Paulo: Ltr, 2017, 5. ed. p. 271).

Pois bem, no tocante ao uso do vocábulo **sentença**, pelo legislador de 1973 (art. 485, *caput*), para os efeitos do exercício da ação rescisória, parece que nossas ponderações foram ouvidas, pois o CPC de 2015 fala em **decisão** (art. 966, *caput*), por forma a abranger a sentença, o acórdão e a decisão interlocutória de mérito. De resto, seguiremos a fazer uso dos adjetivos **rescindenda** e **rescindente**.

Tivemos oportunidade de deixar assentado, no referido livro, que a ação rescisória não tem efeito suspensivo da execução baseada na sentença (ou acórdão) rescindenda; essa é a regra que se irradia, cristalinamente, do art. 969 do CPC. A suspensão somente será obtenível por meio de tutula provisória (*ibidem*).

Em outro trabalho, elaborado na vigência do CPC de 1973, defendemos — em opinião algo heterodoxo, na época — a possibilidade de a suspensão da execução da sentença rescindenda ser obtida por meio de medida cautelar inominada, concebida, inclusive, liminarmente[1]. Reiteremos, agora, os argumentos que, naquela ensancha, havíamos lançados em prol dessa ideia.

Fundamentalmente, dois empecilhos legais poderiam, em tese, ser levantados em oposição ao nosso entendimento. O primeiro estaria contido no art. 5º, XXXVI, da Constituição Federal, que, como sabemos, ordena à própria lei o acatamento à coisa julgada; por mais forte razão — dir-se-ia — essa obediência deveria ser exigida do Poder Judiciário, a quem compete não apenas aplicar a norma legal aos casos concretos submetidos à sua cognição, mas, acima de tudo, velar pela ordem jurídica e pela supremacia constitucional; o segundo repousava no próprio art. 489, do CPC, de 1973, que proclamava não ser a ação rescisória provida de efeito paralisante da execução.

Tais objeções eram, aparentemente, irrefutáveis; examinando, contudo, com o necessário espírito científico e zetético o alcance das normas legais citadas, demonstramos que o obstáculo que elas representam não era real.

Começamos por observar que a coisa julgada material não era, como se vinha divulgando a mãos cheias e com certo caráter retórico, algo absolutamente intangível e imutável. Os que dissentiam de nosso parecer não conseguiam se desvencilhar da dificuldade de justificar o fato de o mesmo texto constitucional — que impunha o respeito à *res iudicata* — fazer menção expressa à ação rescisória como remédio jurídico especificamente criado para desconstituí-la (art. 102, I, "j"). Ninguém, por isso, haveria de sentir-se em boa sombra para arguir de inconstitucional o art. 485 daquele CPC, que dispunha sobre a rescisória e enumerava os casos em que essa ação poderia ser exercida.

A primeira ilação a tirar-se, portanto, era esta: a coisa julgada não era imutável nem perpétua, assim como inexistia colidência do art. 485, do CPC, de 1973 com o texto da Suprema Carta.

Era provável que se viesse a redarguir que a concessão de providência acautelatória inominada, com o fito de sobrestar a execução da sentença rescindenda, equivaleria a atribuir preeminência a um simples *fumus boni iuris*, em confronto com a autoridade da coisa julgada; como se poderia, enfim, reconhecer, no processo cautelar, uma "aparência" de bom direito do autor se o réu possuía, em

(1) *As Ações Cautelares...* p. 128/132.

seu benefício, a certeza do direito, consubstanciada no pronunciamento jurisdicional passado em julgado e, em face disso, já convertido em título executivo?

Esse argumento, não podemos negar, era judicioso —, mas não insuperável. Por isso, dissemos:

"É dogmático, sem dúvida: a) o princípio de que a coisa julgada tem prevalência jurídica em relação a qualquer outro ato (administrativo, jurisdicional ou legislativo) que a ela se contraponha; b) o argumento de que o fenômeno da coisa julgada material encontra em motivos de ordem político-legal a sua razão de ser nos textos normativos; daí, a eficácia que, há séculos, se lhe atribui de transformar o preto em branco e o quadrado em redondo (*facit de albo nigrum et de quadratum rotundum*)".

Não menos verdadeira, entrementes, é a descomedida exaltação, que se vem fazendo da autoridade da *res iudicata*, a ponto de conferir-lhe uma aureola quase sacrossanta, que tem sido responsável, em grande parte dos casos, não só pela adoção de atitudes exageradamente dogmáticas diante da viabilidade da outorga de medidas cautelares atípicas tendentes a sobrestar a execução calcada na sentença exequenda, como pelo entrave reacionário ao desenvolvimento dos estudos científicos acerca do instituto cautelar.

Em situações como essa, deve ser sempre aviventada a percuciente admoestação feita por Pimenta Bueno de que "É sem dúvida de mister consagrar a autoridade da coisa julgada, mas não é menos essencial consagrar o império da verdade e da justiça, quando se patenteia tal que não se pode dele duvidar"[(2)].

Vetar, pois, de modo genérico e com extremada intransigência, a possibilidade de serem concedidas, em determinadas situações particulares, providências acautelatórias inominadas, com o escopo de suspender a execução da sentença rescindenda, traduz não apenas imprudente abstração da realidade prática (onde, muitas vezes, a incidência de medidas dessa natureza se faz imperativa, a fim de combater certas atitudes de má-fé, de parte de um dos contendores), como boa dose de insciência a propósito da finalidade dessas medidas.

Prosseguimos:

"À declaração enfática do art. 489 do CPC se oponha o argumento de que sendo a rescisória uma ação (em que pode haver ampla margem de conhecimento), ela enseja, como as ações em geral, a sobreposição de pretensões acautelatórias, ainda que do tipo inominado — decorrentes, por excelência, do poder geral de cautela do magistrado (CPC, art. 798). Essa discricionariedade que é própria do juiz, no terreno cautelar, representa 'o momento mais alto e amplo

---

(2) Ob. cit., p. 194.

da criação do direito concreto pela jurisprudência, em sistema codificado, de direito continental, como o nosso. Claro que o juiz não cria, aí, o direito material abstrato. Mas as providências variadas e imprevisíveis, impostas pela força dos fatos, fazem com que os decretos do magistrado assumam o caráter de normas e imperativos concretos de conduta, que significam, na verdade, autêntica obra de descoberta (*sic*) e criação singular do direito, emanada do fato, colada ao fato, nascida para o fato. Nesta perspectiva, rasga-se a imagem tradicional do juiz preso e manietado do sistema continental, e dá-se ao juiz moderno dos países codificados o mesmo horizonte criador e novo do pretor romano e dos magistrados anglo-americanos. O direito cautelar, se nos permitem o neologismo, a todos nivela, aos juízes de todos os tempos e lugares, acima da História e dos sistemas diversificados de elaboração jurídica, numa identidade imposta pelas necessidades permanentes e universais de proteção direta e imediata do homem contra a ameaça, o perigo, o risco, o conflito'"[3].

Não estamos a preconizar aqui — como se possa imaginar — a utilização sistemática, indiscriminada e até mesmo abusiva das providências cautelares inominadas como instrumento de investida contra a irrecusável autoridade da coisa julgada; está em nosso objetivo, isso sim, demonstrar que, em certas situações especiais, será juridicamente lícito emitir-se medidas acautelatórias dirigidas ao sobrestamento da execução, sem qualquer vilipêndio aos verdadeiros motivos que ditaram a instituição, em nosso sistema de direito codificado, da coisa julgada. Nem ignoremos a particularidade de o CPC vigente haver ampliado, numericamente, de maneira considerável, o elenco das causas de rescindibilidade dos julgados, fazendo-o "como compensação ao rigor com que semeou presunções, em especial na revelia, presunções que, como é notório, com acelerar a solução do litígio, propiciam, de outra parte, maior frequência no erro, na injustiça e na ilegalidade das sentenças"[4].

Isso quer dizer, em termos objetivos, que o elastecimento dos casos que autorizam a rescisão dos julgados deve ser interpretado como um contrapeso à profusão com que o legislador deitou presunções ao longo do texto do atual Código; em outras palavras: esse fato representou, em última análise, uma implícita redução do grau de autoridade da coisa julgada material, que se tornou agora suscetível (exatamente por isso) de ataque mais amplo pela rescisória".

E alertamos:

"Não se pense ser meramente cerebrina a necessidade de conceder-se, em determinadas situações extraordinárias, providências cautelares com a finalidade de sobre-ser a execução baseada na sentença (ou acórdão) rescindenda; essa

(3) Calmon de Passos, ob. cit., p. 330.
(4) *Comentários ao Código de Processo Civil de 1939*. Rio de Janeiro: <editora>, 1940. vol. II, n. 167, p. 268.

necessidade é real e palpável. Temos ainda vivo na memória um caso concreto que pode ser apontado como corolário expressivo do que acabamos de afirmar. Um empregado havia ingressado em juízo, formulando pretensões relativas a aviso prévio, indenização, férias, 13º salário, horas extras, adicional noturno e o mais; oferecida pelo réu a contestação e realizada a instrução processual, o juízo de primeiro grau rejeitou, integralmente, os pedidos formulados pelo autor. Da sentença ele não recorre; logo, esta passa em julgado. Dias depois, o mesmo empregado constitui outro advogado que, desconhecendo a existência da *res iudicata* formada contra o seu constituinte, ajuíza ação onde efetua pedidos rigorosamente idênticos aos anteriores. O réu — um pequeno estabelecimento comercial —, ao receber, pelo correio, o instrumento de citação para a nova ação, supõe tratar-se de comunicação concernente ao processo anterior, já findo (no qual fora vencedor), e, em razão disso, deixa de comparecer à audiência inicial. A Vara procede, então, ao julgamento antecipado da lide (CPC, art. 330, II), e como a matéria constante da inicial é toda de fato, considera o réu confesso (além de revel), acolhendo, assim, totalmente os pedidos deduzidos pelo autor. Da sentença o réu não recorre, embora intimado (CLT, art. 852): vez mais, supõe que essa comunicação diga respeito ao processo anterior.

Uma nova coisa julgada, então, se constitui, em inconciliável antagonismo com a outra, que a antecedeu; ou melhor, a segunda sentença transita em julgado em gritante desrespeito à *res iudicata* que se formara de maneira absolutamente regular.

O empregado — agora convolado para credor — promove a execução da sentença (por quantia certa) que lhe foi favorável; apenas ao ser citado para essa execução é que o réu (devedor) se dá conta de que havia uma segunda ação (onde os pedidos eram idênticos aos da primeira), uma segunda sentença — só que esta o condenara ao pagamento de certas quantias, que a anterior declara serem indevidas.

Refeito do golpe de deslealdade praticado pelo empregado, o devedor constitui advogado, que ingressa com a rescisória no tribunal; enquanto isso, era realizada a penhora de todos os seus bens, pois a ação rescisória, considerada em si mesma, não suspende a execução da sentença rescindenda (CPC, art. 489). Meses depois, o tribunal acolhe o pedido rescisório, fazendo, com isso, desaparecer do mundo jurídico o título judicial em que a execução se fundava. Apesar desse sucesso, o devedor não encontrou motivos para regozijar-se, na medida em que, àquela altura, os seus bens já haviam sido judicialmente expropriados (arrematados por terceiro), cujo produto pecuniário fora entregue ao credor, que se encontrava em lugar desconhecido.

Houvesse, todavia, o devedor ajuizado, no tribunal, concomitantemente com a rescisória (ou logo depois desta), ação cautelar inominada e o relator teria emitido, inclusive em caráter liminar, no mais alcandorado momento de exercício do poder geral de cautela que lhe outorga a lei, medida suspensiva da execução. Para isso, seria necessário que o relator estivesse bafejado por um mínimo de bom-senso e de discernimento jurídico. O decreto cautelar, que ele expedisse (*in limine*), se justificaria não tanto pelo fato de ser imperativo para tutelar um direito do devedor (autor, na rescisória), mas, sobretudo, pela necessidade de combater uma execrável velhacada do credor (réu, na rescisória), consistente em afrontar a coisa julgada (formada contra os seus interesses), em indiscutível proveito pessoal".

E concluimos:

"Só mesmo o espírito monolítico dos leguleios atrever-se-ia a recusar a possibilidade de ser emitida, em situações como a relatada, medida cautelar atípica destinada a suspender a execução fundada na sentença rescindenda — vinda ao mundo para tripudiar sobre a legítima coisa julgada, anteriormente constituída."

Embora o CPC de 2015 não tenha reproduzido as disposições sobre o processo cautelar, contidas no CPC de 1973, preferindo conceber o que denominou de **tutelas provisórias** (art. 294 e seguintes), o poder geral de cautela foi preservado pelo art. 301 no novo Código, conforme revela a parte final desse preceptivo de lei: "e qualquer outra medida idônea para asseguração do direito". Sendo assim todos os argumentemos que expendemos, na vigência de CPC de 1973, devotados à possibilidade de uso de medidas cautelaras inominadas para suspender a execução da decisão rescindendas são aplicáveis, *mutatis mutandis*, à tutela de urgência de que se ocupa o art. 301, do CPC, de 2015.

Algo mais deve ser dito. Ainda na vigência do CPC de 1973, quando já se admitia – máxime nos sítios do processo do trabalho –, com certa amplitude, o manejo das medidas cautelares inominadas, com o objetivo de suspender a execução da decisão que se pretendia rescindir, o art. 489, desse Código, é alterado, passando a possibilitar essa suspensão não apenas por força de medida cautelar, mas de antecipação dos efeitos da tutel (art. 273). Isso significou que a precitada suspensão poderia ser alcançada nos próprios autos da ação rescisória.

Voltemos ao CPC de 2015, para esclarecer que esse Código, após declarar que o ajuizamento da ação rescisória não suspende o cumprimento (execução, no caso da Justiça do Trabalho) da decisão rescindenda, faz expressa ressalva quanto à obtenção de tutela provisória (art. 969) – que, na espécie, é a prevista no art. 301, conforme afirmamos. A concesão dessa tutela pressupõe: a) a probabilidade do direito (*fumus boni iuris*) ; b) o perigo de dano (*periculum in mora*) ou o risco ao resultado útil do processo (art. 300).

CAPÍTULO XXIV

RESCISÓRIA DE ACÓRDÃO QUE NÃO ADMITE RECURSO

Comentário

Na vigência do CPC de 1973, legislação, doutrina e jurisprudência eram harmoniosas quanto ao entendimento de que somente poderiam ser objeto de ação rescisória as sentenças ou os acórdãos que houvessem julgado o mérito da causa.

A despeito disso, não nos desalentamos em sustentar opinião diversa, numa profunda ruptura com a dogmática tradicional. Empenhamo-nos, enfim, em demonstrar, por exemplo, a necessidade de ser consentido, embora em caráter excepcional, o uso da ação rescisória para desfazer acórdãos que não houvesssem ingressado no exame do *meritum causae*. Tratava-se, pois, de uma tese, de um ensaio atrevido, cuja motivação decorria da dinâmica dos fatos da vida, dessas situações extremamente dramáticas com que a realidade prática sóia tocar a sensibilidade dos juristas e de todos aqueles que se preocupavam com as injustiças que as ocasionais imperfeições de nosso sistema processual pudessem produzir.

Argumentávamos com uma dessas situações.

Um Tribunal Regional do Trabalho não admite certo recurso (o ordinário, por exemplo), por entendê-lo intempestivo ou deserto, quando, na verdade, fora interposto no prazo legal e se encontrava regularmente preparado. Fatos como este, aliás, têm ocorrido com alguma frequência. Pois bem, se a parte interpuser recurso de revista desse acórdão, argumentando, digamos, que houve violação dos arts. 895, "a", ou 899, da CLT, e, nisso, obtiver êxito, estará corrigido o erro perpetrado pelo Tribunal Regional. Caso, porém, a parte deixe de ingressar com o recurso de revista, o referido acórdão passará em julgado e, não sendo admissível o seu ataque pela via rescisória (por não haver tocado no mérito da causa), os danos acarretados ao seu direito se tornarão irreparáveis.

Ao contrário das opiniões doutrinais assentes, entendíamos que, em situação como a narrada, deveria ser permitido o uso da ação rescisória, a despeito da dicção do art. 485,*caput*, daquele digesto de processo civil. Nossa convicção se estribava, essencialmente, em um elemento ético, segundo o qual nenhuma decisão judicial equivocada,

que houvesse causado danos de considerável monta ao direito da parte, poderia ficar imune à ação rescisória.

Dir-se-á, contudo, que, diante de situações como a descrita, a parte deveria valer-se do recurso de revista, por meio do qual poderia obter a "reforma" do acórdão, e, em razão disso, fazer com o que o seu recurso ordinário fosse apreciado, no mérito, pelo Tribunal Regional. Ora, um tal argumento não só deixava de enfrentar o núcleo da questão, representado

pela viabilidade do emprego da ação rescisória, como insinuava, contra os princípios, a ocorrência de preclusão pela não utilização do recurso de revista, além de perder o fundamento em que se apoiava, na hipótese de o recurso de revista não ser admitido, por qualquer motivo" (*Ação Rescisória no Processo do Trabalho*. 5.ª ed. São Paulo: Editora LTr, 2017 p. 277/280).

Seguimos argumentando:

"É necessário ressaltar que a ação rescisória provoca o estabelecimento de uma nova relação jurídica processual, que não se subordina àquela que foi encerrada pelo acórdão rescindendo. Tanto é verdadeira a assertiva, que não estarão impedidos de participar do julgamento desta ação os juízes que, porventura, tenham participado do julgamento que deu origem ao acórdão rescindendo (Súmula n. 252, do Supremo Tribunal Federal).

Jamais se poderá cogitar, conseguintemente, de preclusão do exercício da ação rescisória, em decorrência da não impugnação, mediante recurso, da sentença ou do acórdão, cujos efeitos se visa a desconstituir. No mesmo sentido, a jurisprudência do Supremo Tribunal Federal, como revela a sua Súmula n. 514. Cabe-nos reparar, apenas, que a *res iudicata* não traduz efeito, e, sim, qualidade do pronunciamento jurisdicional não mais sujeito a recurso.

Devemos, a esta altura de nossa exposição, fazer um esclarecimento oportuno: não estamos a preconizar a possibilidade de manejo da ação rescisória em todos os casos em que a sentença ou o acórdão deixarem de investigar o mérito da demanda. O campo de nossa observação está restrito aos acórdãos que não admitirem recursos, em virtude de suposta ausência dos pressupostos legais, subjetivos ou objetivos. Não nos abalançaríamos a estender o nosso ponto de vista às sentenças que não tenham adentrado no mérito, por um motivo elementar: permite, a lei (CPC, art. 486), que o autor, nesse caso, intente outra vez a ação (sem prejuízo de preferir interpor recurso ordinário da sentença), com o que lhe devolve a oportunidade de invocar, agora sem as falhas anteriores, a prestação da tutela jurisdicional indispensável para assegurar-lhe um bem ou uma utilidade da vida. Essa reabertura de oportunidade, entretanto, não ocorre no tocante ao recurso não admitido, ou seja, o sistema processual, por motivos plenamente justificáveis, não concede à parte a possibilidade de recorrer, novamente, da mesma decisão.

Devemos insistir neste ponto: o simples fato de a parte deixar de interpor recurso de revista do acórdão do Tribunal Regional, que não admitiu o recurso (ordinário), não pode ser invocado como razão jurídica para impedir-lhe o uso da ação rescisória, exceto se se estiver a considerar, contra os princípios e a lógica, como dissemos, que a falta de interposição daquele recurso implicaria preclusão ao exercício da rescisória. Demais, esse argumento, se admitido, deveria valer para todas as situações, de tal maneira que, mesmo no caso de o acórdão haver examinado o mérito, deveria ser inibido o uso da rescisória se a parte deixasse de impugnar aquela decisão mediante recurso de revista — o que é inconcebível. Por outro lado, o recurso de revista poderia não vir a ser admitido, tornando, com isso, irreparável o erro cometido pelo Tribunal Regional.

Se a situação-tipo de que estamos a nos ocupar não for suficiente para sensibilizar quanto à necessidade de haver uma ruptura — ainda que tópica — com a dogmática tradicional e com a irracionalidade da lei (CPC, art. 966, *caput*), de modo a permitir-se o exercício da ação rescisória de acórdãos que não tenham admitido recursos, apresentaremos uma outra, que, talvez, consiga tocar, no espírito dos juristas, aquele diminuto ponto ainda sensível. Ei-la: o Tribunal Regional nega provimento a agravo de instrumento interposto de decisão de juiz de primeiro grau, que não admitiu recurso ordinário. Tanto o juízo *a quo* quanto o *ad quem* incidiram no erro de afirmar que o recurso ordinário era intempestivo ou se encontrava deserto, quando, em rigor, havia sido interposto no prazo legal ou estava devidamente preparado. Muito bem. Nesse caso, a parte prejudicada nem mesmo poderia interpor recurso de revista do acórdão proferido pelo Tribunal, pois, nos termos da Súmula n. 218, do Tribunal Superior do Trabalho: "É incabível recurso de revista interposto de acórdão regional prolatado em agravo de instrumento". Isso significa, sem rebuços, que a parte nem sequer teria oportunidade de tentar submeter o acórdão regional à apreciação do Tribunal Superior do Trabalho. Com isso, o equívoco do Tribunal Regional, ao negar provimento ao agravo de instrumento, por haver incorrido no mesmo erro do juiz de primeiro grau (de supor que o recurso ordinário não atendia aos pressupostos legais), se tornaria imutável, perpétuo, pois o art. 485, *caput*, do CPC, não permitiria que a parte se socorresse da ação rescisória, vez que o acórdão regional não penetrou o mérito.

Sejamos sensatos. E justos. A situação mencionada demonstra, com clareza e dramaticidade inegáveis, a necessidade de a doutrina e a jurisprudência trabalhistas, impulsionadas por essa vocação transformadora, zetética, que as colocou numa posição de excelência, no universo jurídico, romperem com a rigidez do art. 485, *caput*, do Estatuto de Processo Civil, para consentir o uso, em situações especiais, da ação rescisória, com a finalidade de desfazer acórdãos transitados em julgado, que, em patente equívoco, não tenham admitido recursos, e, com isso, provocado consideráveis danos à parte. Se bem refletirmos, veremos que o uso da rescisória, na espécie, se destina a resgatar o prestígio dos pronunciamentos da jurisdição, ocasionalmente turvado por acórdãos derivantes de erros nitidamente perceptíveis. É óbvio que este é um argumento de segundo plano, pois a tudo sobreleva a necessidade de ser reparado o dano que essa decisão causou ao direito da parte.

Não há dúvida de que todos devemos acatamento às leis do país; quando, porém, por inadvertência do legislador, a norma legal figura como obstáculo à correção de um erro praticado pela magistratura, devem, doutrina e jurisprudência, encontrar, nos princípios gerais e no bom-senso, argumentos capazes de possibilitar a reparação do erro, sem, com isso, negar vigência à lei, por tratar-se de uma solução extraordinária. Pressupõe-se, dessa forma, que, se a situação dramática, socorrida pela providência da doutrina e da jurisprudência, tivesse sido imaginada pelo legislador, este, seguramente, teria redigido a norma de tal modo que situações dessa natureza não ficassem fora do alcance de suas disposições.

Certamente, não foi pela voz indolente dos leguleios que o Direito evoluiu em direção aos seus verdadeiros objetivos, e, sim, pelos ditames das consciências insopitáveis dos pensadores de bom senso, que souberam, em determinado momento, encontrar razões ponderáveis para que a lei não fosse aplicada, com a frieza de sua letra, para impedir a reparação de erros notórios, cometidos pelos juízes.

[...]

Nos dias atuais, a propósito, imperante, ainda, a opinião dogmática — que presta subserviente homenagem ao artigo 485, *caput*, do CPC — de que a ação rescisória não pode ser empregada contra acórdão que não tenha admitido recurso, o que se tem presenciado, na realidade do foro, é uma desesperada utilização dos embargos declaratórios, com o escopo de fazer com que o recurso venha a ser admitido. Pede-se, no caso, que o próprio Tribunal (Pleno, Turma etc.) proferidor do acórdão embargado declare haver incorrido em erro ao não admitir o recurso ordinário. Ora, a impropriedade dos embargos de declaração para esse fim é gritante, pois, tirante raríssimas exceções, não se verifica nenhum dos motivos previstos nos incisos I e II, do art. 535, CPC, que justifiquem a apresentação desses embargos. De qualquer modo, o problema acarretado pelo acórdão que não admitiu o recurso ficaria sem solução se os embargos declaratórios fossem rejeitados, ou nem sequer admitidos.

O uso desses embargos, para modificar o acórdão, na situação de que estamos a cuidar, se presta, contudo, para demonstrar a compreensível angústia da parte que não teve o seu recurso admitido, conquanto seja patente o erro do Tribunal, ao assim decidir" (. 5ª ed. São Paulo: Editora LTr, 2017. págs. 277/280).

Cabe, aqui, um esclarecimento.

Diante da incerteza se a nossa tese sobre a possibilidade de utilização da ação rescisória para desfazer acórdão transitado em julgado, que não houvesse examinado o mérito, seria colhida ou não, no âmbito da doutrina e, em especial, da jurisprudência, e levando em conta as situações dramáticas que a realidade estava a revelar a todo momento (inadmissibilidade equivocada de recursos), passamos, sem renunciar àquela tese, a defender a utilização dos embargos declaratórios para corrigir os erros dos Tribunais, cometidos no exame dos pressupostos de admissibilidade dos recursos. Se é certo que os embargos de declaração não foram instutídos para finalidades que tais, não menos verdadeiro é que a doutrina estava politicamente autorizada a dar uma interpretação à norma legal sem dissociá-la da realidade e dos fins sociais a que se destina. Colocado à frente esse critério, não nos foi difícil aceitar a possibilidade de os embargos declaratórios serem utilizados para a correção de equívocos dos Tribunais, cometidos no exercício de seu inerente juízo de admissibilidade de recursos. Tão relevantes são os argumentos em que se apoia essa corrente doutrinal, que o legislador a consagrou. Referimo-nos à Lei n. 9.957, de 12-1-2000, que acrescentou à CLT o art. 897-A, cujo *caput* estabelece que os embargos declaratório podem ser dotados de efeito modificativo, inclusive, nos casos de "manifesto equívoco no exame dos pressupostos extrínsecos do recurso". Pressupostos extrínsecos ou os objetivos compreendem: a) recorribilidade do ato; b) regularidade formal do ato; c) adequação; d) tempestividade; e) depósito pecuniário (quando exigido); f) pagamento de custas. Nada justifica, entrementes, o fato de o legislador haver restringido o uso dos embargos declaratórios, para o fim em estudo, às situações de manifesto equívoco no exame dos pressupostos objetivos dos recursos. Essa possibilidade deveria abranger, também, os pressupostos subjetivos ou extrínsecos, que abarcam: a) a legitimidade; b) o interesse; c) a capacidade; d) a representação. Ao conceber a tese, a doutrina não limitou esses embargos aos pressupostos objetivos. Destarte, embora, nos dias de hoje, *legem habemus* (CLT, art. 897-A), nada obriga a doutrina a renunciar à sua posição original.

O Direito deve estar a serviço da vida, e não esta necessariamente a serviço daquele. Sobraram razões, por isso, a Oliver Wendell, ao advertir que a vida do Direito não foi a lógica, mas a experiência ("*The Common Law*"). E, quando a experiência demonstrar que o Direito falhou, que o império seja daquela, sob pena de o Direito converter-se em um elemento monolítico, fincado na contramão da dinâmica dos fatos que brotam da realidade — viva, palpitante, e, não raro, dramática.

É conveniente lembrar que, na vigência do Código de Processo Civil de 1939, admitia-se, na doutrina e na jurisprudência, o exercício da ação rescisória tendo como objeto sentenças ou acórdãos que não se houvessem pronunciado sobre o mérito. Em que pese ao fato incontestável de ter ocorrido significativa alteração na matriz legislativa, com o advento do Estatuto de Processo Civil de 1973, a verdade é que a vida não se modificou. As dificuldades existentes no passado persistem no presente e, de certo modo, com mais intensidade, em face, exatamente, da complexidade das relações sociais e das exigências do próprio Direito. A ninguém é dado ignorar essas transformações e a sua repercussão no plano da interpretação das leis.

Nossa luta não foi em vão.

O § 2º do art. 966, CPC de 2015, do CPC, em disposição verdadeiramente revolucionária, permite o exercício da ação rescisória de decisão transitada em julgado que, **embora não tenha resolvido o mérito**, impeça: "I – nova propositura da demanda; o II – admissibilidade do recurso correspondente".

Em que pese ao fato de o preceptivo legal acima reproduzido haver restringido os casos que admitem a ação rescisória de decisão passada em julgada que não haja tangido o mérito, esse preceptivo representa considerável ruptura com a dogmática tradicional, avessa a essa possibilidade.

Aceita a utilização da rescisória para a finalidade que estamos a propor, é elementar que o fundamento do pedido haverá de ser um dos incisos do art. 966, do CPC. Particularmente, não vemos como possa calcar-se nos incisos I (prevaricação, concussão, corrupção); II (impedimento ou suspeição); III (dolo ou colusão); e IV (ofensa à coisa julgada), porquanto, como tantas vezes assinalamos, o que estamos a defender é o exercício da rescisória diante de acórdão que não tenha admitido recurso.

Será, todavia, algo frequente o seu ajuizamento com fulcro nos incisos V (violação manifesta de norma jurídica) e VIII (erro de fato), e, em menor intensidade, nos incisos VI (falsa prova) e VII (prova nova), do referido texto legal.

Nossa alusão ao inciso V, feita há pouco, tem especial significado, porquanto se o acórdão deixar de admitir um recurso (v.g., o ordinário), por entender ausente um dos pertinentes pressupostos, quando, na realidade, todos esses pressupostos foram satisfeitos, haverá, nisso, manifesta violação de norma jurídica, como, por exemplo, dos arts. 895, I, (tempestividade) e 899, da CLT (depósito pecuniário), segundo seja a hipótese.

Queremos deixar sublinhado, contudo, o nosso entendimento de que a norma jurídica, cuja transgressão manifesta enseja o uso da rescisória, tanto pode ser de natureza material, quanto processual. Os exemplos acima referidos, aliás, invocam normas de caráter processual.

Em outras situações, a inadmissibilidade do recurso, pelo acórdão, pode derivar de erro de fato, como quando, e.g., o Tribunal afirma que o advogado do recorrente não possui procuração nos autos (nem se configura o mandato tácito), embora o correspondente instrumento tenha sido oportunamente juntado. Nessa hipótese, o Tribunal teria alegado a inexistência de um fato (documento), que, na verdade, existe, caracterizando, com essa falha de percepção, o erro de fato, de que trata o inciso VIII, do art. 966, do CPC. Como ficou visto no capítulo XIV, retro, para que o erro de fato possa ser apontado como fundamento para a rescindibilidade do acórdão, impõe-se a concorrência dos seguintes requisitos: a) deve ter como objeto essencial fatos da causa em que foi proferido o acórdão; b) o erro deve ser apurável por meio de exames de documentos e de outros elementos dos autos, não sendo admissível que o autor procure provar, na rescisória, a existência ou a inexistência do fato, com outros meios; c) o fato deve ter influenciado, diretamente, o resultado do julgamento; d) sobre esse fato não deve ter havido controvérsia ou pronunciamento jurisdicional.

Cumpridos esses requisitos, não há razão jurídica, nem ética, para obstar-se o uso da rescisória, ainda que dirigida a acórdão que não tenha ingressado no exame do mérito, como se dá, designadamente, com o que não admite recurso.

Enfim, as particularidades de cada situação concreta é que determinarão o inciso do art. 966, do CPC, a ser indicado como fundamento da ação rescisória. O importante é que esta possa ser exercida, sem as limitações impostas pela expressão literal do citado dispositivo de lei.

Vamos além: permitido o emprego da rescisória, com a finalidade que estamos a sugerir, nada impede que, em situações especiais, se invoque, mediante petição específica, o exercício do poder geral de cautela, que o art. 301 do CPC atribui ao magistrado, para efeito de ser suspensa a execução da sentença impugnada por meio do recurso ordinário não admitido, equivocadamente, pelo Tribunal, sempre que for o caso. Sobre a possibilidade de obtenção de um provimento acautelatório tendente a sobrestar a execução da sentença, e a indicação dos fundamentos em que se apóiam as nossas razões, pudemos discorrer, mais detidamente, no capítulo anterior (XXIII).

Em resumo, os fatos da vida estão a revelar que, muitas vezes, os Tribunais, ainda que por falha involuntária, não têm admitido recursos, fazendo com que, esgotada a possibilidade de impugnação do acórdão pelo recurso de revista (ainda assim, quando este seja admissível), fique a parte prejudicada sem qualquer instrumento jurídico dotado de aptidão para desfazer o acórdão regional, conquanto possa estar patente o erro que o contamina. É absolutamente inaceitável, em face de situações como essa, que se vede à parte o acesso à via rescisória, sob o argumento de que o acórdão não examinou o mérito da causa.

Leis mal elaboradas comprometem o prestígio do ordenamento jurídico; leis interpretadas com abstração da realidade produzem uma jurisprudência postiça e submissa a um legulismo que nada constrói.

Por isso, depositamos, neste capítulo, o nosso modesto contributo para a obra de integração da lei à realidade, e, ao mesmo tempo, a nossa esperança de que essa integração venha pela voz de uma doutrina e de uma jurisprudência de vanguarda, capazes, até mesmo, de influenciar, pela força dos seus argumentos, o próprio legislador.

Infelizmente, entretanto, a jurisprudência trabalhista parece haver preferido manter-se em cômoda atitude dogmática, dando as costas à realidade que há além dos muros escolásticos em que se confinam alguns magistrados. A Súmula n. 413, do TST, infelizmente, colocou-se em sentido contrário:

"AÇÃO RESCISÓRIA. SENTENÇA DE MÉRITO. VIOLAÇÃO DO ART. 896, "A", DA CLT (nova redação em decorrência do CPC de 2015) - Res. 209/2016, DEJT divulgado em 01, 02 e 03.06.2016

É incabível ação rescisória, por violação do art. 896, "a", da CLT, contra decisão transitada em julgado sob a égide do CPC de 1973 que não conhece de recurso de revista, com base em divergência jurisprudencial, pois não se cuidava de sentença de mérito (art. 485 do CPC de 1973). (ex-OJ nº 47 da SBDI-2 - inserida em 20.09.2000)".

Tendo em conta o dogmatismo dessa Súmula, consistente em subordinar o exercício da ação rescisória à existência de um pronunciamento sobre o mérito, cumpre-nos reforçar os argumentos opostos, que temos sustentado. Com vistas a isso, devemos, desde logo, formular uma indagação essencial: por que motivo o legislador teria, por exemplo, previsto o uso dessa ação quando a decisão violasse literal disposição de lei (CPC de 1973, art. 485, inciso V)? Certamente, para restabelecer a supremacia da ordem legal (e constitucional), contravinda por um pronunciamento jurisdicional. Sendo assim, fica claro que o **valor** a ser protegido, por meio da rescisória, nesta hipótese, é a mencionada supremacia da ordem constitucional. Pois bem. Sob esta perspectiva, que relevância tem o fato de alguma decisão judicial não haver ingressado no exame do mérito, embora fique evidente a violação por ela perpetrada à Lei ou à Constituição da República? Posta à frente, enfim, a finalidade da ação rescisória, na situação em exame, que importância teria a particularidade de a sentença ou o acórdão não haver solucionado o conflito de interesses, se, a despeito disso, ficou patente o espezinhamento do ordenamento legal, assim como, o prejuízo irreparável acarretado à parte (recurso não admitido)?

Se o legislador, ao redigir o *caput* do art. 485, do CPC, por falta de sensibilidade, não se deu conta de que poderia, v. g., haver violação a literal disposição de lei, mesmo sem exame da lide, é necessário que a doutrina corrija essa inadvertência legislativa, dando à norma uma interpretação compatível com a sua finalidade, que é, como se salientou, a de preservar a supremacia da ordem legal.

O fato de o art. 966, *caput*, do CPC de 2015, fazer referência à violação de **norma jurídica** em nada abala os nossos argumentos; bem ao contrário, os reforça, pois o conceito de norma jurídica é mais amplo do que o de lei.

CAPÍTULO XXV

HONORÁRIOS DE ADVOGADO

1. O tema, anteriormente à Lei n. 13.467/2017

Em livro escrito anteriormente à vigência da Lei n. 13.467, de 13-7-2017, escrevemos:

"Se considerarmos o ponto de vista exclusivo do processo civil, haveremos de concluir ser plenamente possível a condenação do vencido, em sede de ação rescisória, no pagamento de honorários de advogado.

O processo do trabalho, desde as suas origens, recusou a ideia de o vencido ser condenado ao pagamento de honorários de advogado, em benefício do adversário. Não se suponha que essa atitude do legislador estaria ligada ao fato de ele próprio haver atribuído capacidade postulatória às partes, por força da qual estas podem invocar, pessoalmente, a prestação da tutela jurisdicional, vale dizer, sem a presença de advogado. Ora, o art. 791, da CLT, cujo *caput* atribui esse *ius postulandi*, prevê a possibilidade de os litigantes atuarem por meio de advogado, e, nem por isso, esse texto legal cogitou da condenação do vencido ao pagamento dos honorários correspondentes.

O princípio estabelecido no processo do trabalho, portanto, é o de que as partes responderão pelos honorários dos advogados que contratarem. Assim tem sido, como vimos, desde o início dos tempos. Pretendeu o legislador, com isso, sem dúvida, proteger o trabalhador contra eventuais condenações no pagamento de honorários de advogado, em prol da parte contrária.

A 26 de junho de 1970, entretanto, advém a Lei n. 5.584, para dispor, pela primeira vez, sobre honorários de advogado, no processo do trabalho. Se bem verificarmos, veremos que essa norma legal não constitui exceção ao princípio vigente neste processo, há pouco referido, de que cada litigante responderá pelos honorários do seu advogado, porquanto os honorários mencionados na Lei n. 5.554/1950 não se destinam ao trabalhador, e, sim, ao sindicato que lhe estiver ministrando assistência judiciária gratuita. O titular do direito, no tocante a esses honorários, é, pois, o sindicato, não o trabalhador. Há razões jurídicas e políticas para que assim o seja. É que, exigindo a precitada norma legal que os sindicatos prestem assistência judiciária aos integrantes da categoria, que recebam salários iguais ou inferiores a duas vezes o mínimo legal, sob pena de sanções pecuniárias a serem aplicadas aos dirigentes (art. 19), essa imposição faria com que as entidades sindicais tivessem de contratar advogados (ou ampliar o número dos já existentes) para atender a essa obrigação. Com isso, como é elementar, as despesas dessas entidades seriam consideravelmente aumentadas, motivo por que o legislador destinou a elas os honorários de advogado, pagos pelos empregadores, como uma espécie de contrapartida à obrigação de prestarem, gratuitamente, assistência judiciária.

Fique claro, assim, que a introdução dos honorários de advogado, no processo do trabalho: a) não foi em caráter geral, mas circunscrita aos casos de assistência judiciária gratuita, e compulsória, por parte das entidades sindicais; b) não decorreu da aplicação do princípio da sucumbência, consagrado pelo CPC, e, sim, da necessidade de os sindicatos serem compensados pelos gastos que teriam de contrair, com a contratação de advogados, para atender à obrigação de ministrar a sobredita assistência judiciária.

Um certo setor da jurisprudência, contudo, vem entendendo que os honorários de advogado são devidos na ação rescisória, sob os argumentos de que: a) é uma ação "especial" ou *sui generis*; b) o vencedor não pode sofrer redução em seu patrimônio; c) a condenação no pagamento desses honorários tem o efeito prático de desestimular o ataque à coisa julgada material.

Não concordamos com nenhum desses argumentos.

Em primeiro lugar, o fato de a rescisória constituir uma ação especial não tem a mínima relevância, pois, a prevalecer esse argumento, teríamos de admitir a imposição do pagamento de honorários de advogado, também, nas ações de prestação de contas, de depósito, de consignação em pagamento, nos embargos de terceiro, e outras mais, que são, igualmente, "especiais". Não nos consta que os defensores da opinião de que estamos a dissentir tenham sustentado o cabimento de honorários de advogado em tais ações.

Em segundo, não desconhecemos a antiga e sempre proveitosa observação de Chiovenda de que a condenação no pagamento desses honorários se justifica não só pelo fato objetivo da derrota, senão como medida necessária para evitar que o vencedor sofra uma redução em seu patrimônio, "por ser interesse do Estado que o emprego do processo não se resolva em prejuízo de quem tem razão, e por ser, de outro lado, interesse do comércio jurídico que os direitos tenham um valor tanto quanto possível nítido e constante" .

A lição desse notável mestre peninsular teve como objeto, porém, o processo civil, onde o princípio da sucumbência recebeu larga consagração. O processo do trabalho, como ficou demonstrado, repeliu esse princípio, motivo por que, só por isso, seria de colocar-se de lado o argumento civilista que procura justificar a condenação do vencido ao pagamento de honorários como providência tendente a evitar que o vencedor sofra um desfalque patrimonial. De qualquer modo, não vemos como se possa defender a aplicação do princípio da sucumbência, no processo do trabalho, apenas, em sede de ação rescisória e negá-lo nos demais casos, nomeadamente, nas ações características desse processo especializado. Dessa forma, quer nos parecer que, ou se aplica o mencionado princípio em todas as ações (máxime as condenatórias) apreciadas pela Justiça do Trabalho, ou não se aplica a nenhuma delas, aí incluída a rescisória, pois, afinal de contas, em nenhuma dessas situações seria concebível — segundo a doutrina de que estamos a divergir — que houvesse perda patrimonial por parte do vencedor, vale dizer, daquele com o qual o pronunciamento da jurisdição reconheceu estar o direito disputado.

Mais do que isso, a alegação de que os honorários de advogado deveriam ser admitidos, na ação rescisória trabalhista, para evitar que o vencedor tivesse um dano em seu patrimônio, não resiste à força dos próprios fatos que ela tenta explicar. Digamos, por exemplo, que o empregado tenha sido vencedor em primeiro grau de jurisdição, sendo o empregador condenado a pagar-lhe determinadas quantias. Só não houve condenação em honorários de advogado, porque o trabalhador não fazia *jus* a essa verba. Passando em julgado a sentença, o empregador ingressa com ação rescisória, fundada, e.g., no impedimento do magistrado que participou do julgamento em que foi proferida a sentença rescindenda. O Tribunal, diante das evidências, desconstitui a *res iudicata* e condena o trabalhador (réu, na ação) no pagamento de honorários de advogado. Retornando os autos ao primeiro grau, nova sentença é proferida (desta feita, por juiz desimpedido), que, todavia, como a anterior, condena o empregador no pagamento de determinadas quantias, mas não em honorários de advogado, por entender que o trabalhador não faz *jus* a eles. Teríamos, com isso, uma situação em que o trabalhador, embora vencedor (em virtude da segunda sentença), não teria como se reembolsar dos honorários que pagou em decorrência do acórdão emitido na ação rescisória. Teríamos, em última análise, um caso em que o trabalhador, conquanto vencedor, sofreu um desfalque patrimonial, exatamente porque se entendeu que, em sede de ação rescisória, mesmo no plano do processo do trabalho, é possível a condenação do vencido ao pagamento de honorários de advogado.

Em terceiro lugar, dizer-se que os honorários de advogado, na ação rescisória, têm o escopo de desestimular o ataque à coisa julgada material, é cometer dois equívocos numa só afirmação.

Realmente, o pressuposto dessa assertiva é que o autor, na rescisória, fique vencido, e, em razão disso, deva pagar os honorários do advogado do adversário. *Data venia*, esse pressuposto é falso, pois há inúmeros casos em que o autor, na rescisória, obtém êxito, não fazendo sentido, por isso, falar-se, nesta hipótese, em desestímulo às ofensivas contra a coisa julgada material. No exemplo que formulamos há pouco, não só o trabalhador era réu na ação (logo, a iniciativa de ajuizá-la foi do empregador), como nem sequer deu causa ao vício que contaminou a sentença rescindida. A despeito disso, foi condenado ao pagamento de honorários, sem qualquer possibilidade de ser reembolsado, futuramente, como procuramos demonstrar.

Por outro lado, o mecanismo legal instituído para desestimular o exercício infundado da ação rescisória, na Justiça do Trabalho, é a multa pecuniária, de que cuida o art. 836, *caput*, da CLT, correspondente a 20% do valor da causa.

A presença do trabalhador, na relação jurídica processual, é, designadamente, o principal motivo por que o processo do trabalho instituiu um procedimento muito menos oneroso, economicamente, do que o do processo civil, fazendo, v.g., com que as custas somente sejam pagas no final (CLT, art. 789, § 1º) e que os oficiais de justiça não cobrem pelas diligências realizadas, ex officio ou a requerimento do interessado.

Para que não nos lancem a pecha de intransigentes — se for equivocado não transigir em tema de princípios —, o máximo que poderíamos admitir é quanto à possibilidade de haver condenação no pagamento de honorários de advogado, em ação rescisória, nos casos de assistência judiciária regulada pela Lei n. 5.584/1970. Em rigor, não haveria, aqui, de nossa parte, transigência, mas coerência, pois se o trabalhador estiver recebendo o benefício da assistência judiciária gratuita, pelo sindicato, os honorários impostos pelo acórdão rescisório reverterão em prol da entidade sindical (art. 16).

O que não nos parece possível é sustentar, de um lado, e de modo geral, o princípio de que, no processo do trabalho, cada parte responde pelos honorários do advogado cujos serviços contratar, e, de outro, que esse princípio não deve ser respeitado em sede de ação rescisória, de tal modo que prevaleça, aqui, a regra da sucumbência, inscrita no art. 85, do CPC. A nosso ver, são duas posições inconciliáveis, cujo antagonismo não consegue ser disfarçado pelo sofisma que se insinua na afirmação de tratar-se, a rescisória, de uma ação "especial" ou *sui generis*.

O que se deve pôr em frente, e acima de tudo, é o truísmo da presença inevitável do trabalhador na relação jurídica processual — particularidade que levou o legislador trabalhista a não consagrar a cláusula civilista da sucumbência (CPC, art. 85). Não vemos nenhuma razão relevante para que essa atitude axiológica do legislador seja desacatada em tema de ação rescisória, em que, como tantas vezes assinalamos, se aceita a condenação do vencido no pagamento de honorários de advogado, isso poderá significar não só a insensata possibilidade de o trabalhador vir a ser destinatário dessa condenação, mesmo sendo réu na ação e não havendo dado causa ao vício que contaminou a sentença rescindida, mas traduzir manifesta injustiça, como quando não lhe for possível reembolsar-se dos honorários que pagou, em situações como a que narramos anteriormente.

Menos comprometedor dos princípios que dão conteúdo ideológico ao processo do trabalho será deixar o trabalhador sem receber honorários de advogado, quando for vencedor na ação rescisória (como autor ou réu), do que lhe impor a condenação no pagamento desses honorários, toda vez em que ficar vencido. E, como não é, será possível condenar-se, apenas, o empregador no pagamento dessa verba, quando vencido na causa (exceto nos casos, já ressalvados, de assistência judiciária gratuita ao trabalhador, pelo sindicato), pois isso implicaria uma prática discriminatória do art. 85, do CPC, a solução, que melhor atende às particularidades do processo do trabalho, será não se condenar nenhuma das partes ao pagamento desses honorários, pois esse é, precisamente, o princípio que informa o mencionado processo.

As lides trabalhistas não podem ser tratadas como se fossem lides civis, nem o processo civil ser utilizado, de maneira sub-reptícia, para solucionar aquelas. Por isso, é absolutamente indispensável que, ao serem aplicados ao processo do trabalho, determinados institutos ou figuras do processo civil, estes se submetam à necessária adaptação às marcantes singularidades deste processo especializado, sob pena de graves perturbações de sua identidade teleológica.

Dir-se-á, contudo, que nossos argumentos já não se sustentam, em decorrência da Lei n. 8.906, de 4-7-1994 (que instituiu o denominado "Estatuto dos Advogados"), cujo art. 22 declara pertencerem ao advogado os honorários da sucumbência.

Data venia de alguns intérpretes afoitos desse texto, ele não afirma, em nenhum momento, que o princípio da sucumbência seja aplicável ao processo do trabalho; o que se deve inferir é que somente haverá sucumbência onde esse princípio for admissível.

Logo, mesmo com o advento da Lei n. 8.906/1994, deve ser mantido o judicioso entendimento jurisprudencial compendiado pela Súmula n. 329, do TST, reiterado pela Orientação Jurisprudencial n. 27, da SDI-II, do TST: "Ação rescisória. Honorários advocatícios. Incabível condenação em honorários advocatícios em ação rescisória no processo trabalhista, salvo preenchidos os requisitos da Lei n. 5.584/1970". Ou seja, nossa opinião foi prestigiada.

A propósito, considerando a ampliação da competência material da Justiça do Trabalho, realizada pela Emenda Constitucional n. 45/2004, o Tribunal Superior do Trabalho editou a Instrução Normativa n. 27/2005, para dispor que

> "Exceto nas lides decorrentes da relação de emprego, os honorários advocatícios são devidos pela mera sucumbência" (art. 5º). Tudo passaria como certo, não fosse a particularidade de entendermos que os Tribunais, em geral, e o TST, em particular, não podem editar Instruções com efeito ou eficácia normativa, pois isso implica transgressão ao art. 22, I, da Constituição Federal, que atribui à União a competência **privativa** para legislar sobre **direito processual**. O que a norma constitucional permite é aos Estados legislarem, em caráter concorrente, sobre **procedimento** em matéria processual (art. 24, XI) – que é coisa diversa". (*Ação Rescisória no Processo do Trabalho*.São Paulo: Editora LTr. p. 284/288)

2. O advento da Lei n. 23.467/2017

A Lei n. 13.467/2017 introduziu a denominada **Reforma Trabalhista**, compreedendo temas tanto de direito material quanto de direito processual.

Essa norma legal inseriu o art. 791-A, da CLT, cujo *caput* tem o seguinte teor:

> Art. 791-A. Ao advogado, ainda que atue em causa própria, serão devidos honorários de sucumbência, fixados entre o mínimo de 5% (cinco por cento) e o máximo de 15% (quinze por cento) sobre o valor que resultar da liquidação da sentença, do proveito econômico obtido ou, não sendo possível mensurá-lo, sobre o valor atualizado da causa.

Estava consagrado, no processo do trabalho legislado, o princípio civilista da sucumbência em matéria de honorários advocatícios.

Não interessa ao escopo deste Carderno verificar se essa inovação foi boa ou foi má para o processo do trabalho e para as partes.

O fato concreto, a ser destacado, é que os honorários dos advogados passaram a ser devidos nesse processo por força de lei.

São estes os parágrafos que compõem o art. 791-A, da CLT:

> **§ 1º Os honorários são devidos também nas ações em face da Fazenda Pública e nas ações em que a parte estiver assistida ou substituída pelo Sindicato de sua categoria.**
>
> **§ 2º Ao fixar os honorários, o juízo observará:**
>
> I – o grau de zelo do profissional;
>
> II - o lugar de prestação do serviço;
>
> III - a natureza e a importância da causa;
>
> IV - o trabalho realizado pelo advogado e o tempo exigido para o seu serviço.
>
> **§ 3º Na hipótese de procedência parcial, o juízo arbitrará honorários de sucumbência recíproca, vedada a compensação entre os honorários.**
>
> **§ 4º Vencido o beneficiário da justiça gratuita, desde que não tenha obtido em juízo, ainda que em outro processo, créditos capazes de suportar a despesa, as obrigações decorrentes de sua sucumbência ficarão sob condição suspensiva de exigibilidade e somente poderão ser executadas se, nos dois anos subsequentes ao trânsito em julgado da decisão que as certificou, o credor demonstrar que deixou de existir a situação de insuficiência de recursos que justificou a concessão de gratuidade, extinguindo-se, passado esse prazo, tais obrigações do beneficiário.**
>
> **§ 5º São devidos honorários advocatícios na reconvenção.**

Merece comentário o § 3º, supracitado.

No livro, *O Processo do Trabalho e a Reforma Trabalhista* (São Paulo: Editora LTr. , 2018. 2ª ed. p. 155, dissemos:

> "Aqui reside o grande risco inerente ao princípio da sucumbência: quando os pedidos forem acolhidos em parte ('procedência parcial',

diz, mal, a Lei) isso significa que ambos os litigantes sucumbiram do ponto de vista das pretensões por ele deduzidas na causa. A consequência consistirá no dever de o juiz arbitrar os honorários que serão pagos de uma parte a outra, vedada a compensação".

Estamos, agora, revendo a nossa opinião.

Ocorre que a expressão legal: "procedência parcial", ao contrário do que havíamos entendido, não se liga ao **pedido**, e sim, ***à ação***. Isso significa dizer que a Lei n. 13.467/2017 adotou apenas a **sucumbência recíproca**, e não, a **sucumbência parcial**. Expliquemo-nos. Na sucumbência **recíproca** tanto podem existir duas ações interligadas, quanto uma só ação. Cogitemos desta última hipótese: uma ação, com os pedidos A e B. A sentença acolhe o pedido A, mas rejeita o pedido B. Teria havido, aqui, **sucumbência recíproca** (o autor sucumbiu quanto ao pedido B, e o réu, ao pedido A). Se a sentença, por exemplo, houvesse acolhido os pedidos A e B, mas em valores inferiores aos postulados pelo autor, estaria caracterizada a **sucumbência parcial**. Nessa hipótese, não haveria condenação do autor ao pagamento de honorários advocatícios, porquanto o art. 791-A, da CLT, consagrou somente a sucumbência recíproca. Basta ver que a precitada norma legal faz expressa menção, no § 3º, a essa espécie de sucumbência. A "procedência parcial", de que trata o mesmo preceptivo legal, diz respeito – reiteremos – não aos **pedidos** (pois, se assim não fosse, estaríamos diante de **sucumbência parcial**), e, sim, à **ação**.

Esse nosso novo entendimento sobre o tema – desde que perfilhado pela jurisprudência – poderá fazer com que o trabalhador deixe de sentir tanto receio de exercer o direito constitucional de ação no âmbito da Justiça do Trabalho.

Por exceção, poder-se-ia admitir a condenação do autor ao pagamento de honorários advocatícios, no caso de sucumbência **parcial**, quando a postulação lançada na inicial, por ter sido descomedida, excessiva, pudesse configurar litigância de má-fé (CPC, arts. 80 e 81). Digamos que o autor tenha pedido a condenação do réu ao pagamento de indenização por danos extrapatrimoniais, de natureza média, no valor de R$ 5.000.000,00, quando, de acordo com o critério estabelecido pelo art. 223-G, § 1º, inciso II, da CLT, o valor não poderia ultrapassar a R$ 60.000,00.

CAPÍTULO XXVI

Remessa *ex officio* em ação rescisória

Comentário

Por força do disposto no art. 1º, inciso V, do Decreto-Lei n. 779, de 21 de agosto de 1969, inscrevem-se, dentre as prerrogativas processuais concedidas à Fazenda Pública, a do "recurso ordinário *ex officio* das decisões que lhe sejam total ou parcialmente contrárias".

Um pequeno reparo, de ordem técnica, a essa dicção legislativa: cuida-se, no caso, não de um canhestro recurso, mas de remessa obrigatória (*ex officio*), a fim de que o Tribunal competente proceda ao reexame necessário da matéria que a decisão apreciou em desfavor da Fazenda Pública. A expressão legal: "recurso *ex officio*" soa a ilogismo, pois seria desarrazoado imaginar que o juiz devesse recorrer de uma sentença por ele próprio proferida. Recurso é recurso, remessa é remessa. Tanto isso é verdadeiro, que nas ações da alçada exclusiva dos órgãos de primeiro grau, instituídas pela Lei n. 5.584, de 26 de junho de 1970, ainda que a sentença aí emitida seja irrecorrível (exceto se violar disposição constitucional), caberá remessa *ex officio*, desde que a decisão seja contrária à Fazenda Pública. Por outras palavras: mesmo que a Fazenda Pública esteja abarcada pelo veto legal à impugnação dessa sentença, cumprirá ao juiz remeter os autos ao Tribunal, para efeito de reexame da matéria.

Todavia, com o advento da atual Constituição Federal, chegou-se a argumentar que o Decreto-Lei n. 779/1969 teria sido implicitamente revogado pelo art. 5º, *caput*, da Suprema Carta, segundo o qual todos são iguais perante a lei, "sem distinção de qualquer natureza". Destarte, ao conceder à Fazenda Pública determinadas prerrogativas (dentre as quais a consistente na remessa *ex officio*), o precitado Decreto-Lei estaria em antagonismo com o art. 5º, *caput*, da Constituição, porquanto essa prerrogativa traduziria — do ponto de vista dessa corrente de opinião — uma discriminação entre pessoas.

Data venia, a existência de cláusula assecuratória da igualdade de todos perante a lei, constitui uma tradição constitucional, em nosso meio. Tradição que, a propósito, teve início antes mesmo no período republicano, bastando lembrar que a Constituição Imperial, de 1824, já a continha (art. 179, inciso XIII). Logo, essa declaração de isonomia não representa nenhuma novidade trazida pelo texto em vigor. Esse, apenas, enfatizou estar assegurando a igualdade sem distinção de qualquer natureza. Essa ressalva, entretanto, não tem o alcance que se lhe pretende atribuir. Se essa igualdade devesse ser absoluta, linear, então haveríamos de concluir, desde logo, que toda a legislação material trabalhista também teria sido implicitamente revogada pelo sobredito dispositivo constitucional, pois se sabe que essa legislação é protetiva do trabalhador, ou seja, concede-lhe um tratamento diferenciado, anti-igualitário, e favoravelmente discriminatório, para compensar a sua ontológica inferioridade econômica em face do empregador. Demais, ninguém ignora que o interesse público não se confunde com o interesse particular, nem pode negar a preeminência política e jurídica daquele. A própria Constituição Federal em vigor, aliás, colocou à frente o interesse público, como quando dispôs sobre a execução forçada contra a Fazenda Pública, declarando que deve ser realizada por meio de precatório-requisitório (art. 100), em razão da impenhorabilidade dos bens públicos, observados os parágrafos 3º e 4º, da mesma norma.

Enfim, o que se deve deixar assinalado é que o Decreto-Lei n. 779/1969 continua a viger, porquanto as suas disposições não são incompatíveis com a ordem constitucional, como se supôs. Podemos, até mesmo, admitir uma discussão a respeito da conveniência de manter-se, ou não, esse Decreto-Lei em nosso sistema; o que não podemos aceitar é a afirmação de que ele foi revogado, de maneira tácita, pelo art. 5º, *caput*, da Constituição Federal de 1988. Argumento nesse sentido, com todo o respeito aos que o perfilham, é desapercebido de qualquer peso jurídico.

O CPC, por seu turno, também prevê a remessa *ex officio* (art. 496). Estabelece, a esse respeito, a Súmula n. 620, do Supremo Tribunal Federal: "A sentença proferida contra autarquia não está sujeita a reexame necessário, salvo quando sucumbente em execução de dívida ativa". O Decreto-Lei n. 779/1969, entretanto, estende, de modo expresso, às autarquias as prerrogativas nele mencionadas (art. 1º, *caput*).

Lançadas essas considerações, cumpre-nos, agora, verificar se a remessa *ex officio* deve ser efetuada, também, na ação rescisória, sempre que a pertinente decisão for desfavorável à Fazenda Pública.

Para logo, contudo, devemos observar que, no âmbito da Justiça do Trabalho, a ação rescisória é da competência originária dos Tribunais. Por isso, não falaremos aqui em sentença, senão que em acórdão rescisório (CPC, art. 204).

Podemos asseverar que, em princípio, o acórdão rescisório, quando contrário aos interesses da Fazenda Pública, está sujeito à remessa *ex officio*. Assim dizemos porque o art. 1º, inciso V, do Decreto-Lei n. 779/1969 não faz nenhuma distinção entre sentença e acórdão, aludindo, isso sim, a **decisão**, cujo conceito é mais amplo, pois nele se abrigam os de sentença e acórdão. A regra legal, pois, é de que toda decisão desfavorável à Fazenda Pública deve ser objeto de remessa *ex officio*.

Essa nossa conclusão, porém, não pode ser considerada com abstração das diversas situações que são produzidas pela realidade prática, sob pena de ser mal interpretada. Estamos a afirmar, portanto, que a necessidade da remessa *ex officio*, em sede de ação rescisória, será determinada pelas particularidades de cada caso concreto, sendo, por isso, desaconselhável formular-se regra genérica acerca do assunto. O tema, como se vê, é multifacetado, não se prestando, por esse motivo, a solução uniforme.

Demonstremos isso, mediante a especificação e o consequente exame de algumas dessas situações.

a) Sentença desfavorável e remessa provida

Nesta hipótese, a sentença proferida pela Vara do Trabalho foi desfavorável à Fazenda Pública, ré na ação, mas o Tribunal deu provimento à remessa *ex officio*. A Fazenda Pública, portanto, foi vencedora na causa. Se o autor ingressar, mais tarde, com ação rescisória e o acórdão aqui proferido for desfavorável à Fazenda Pública não caberá remessa **de ofício**, porquanto a lide (conflito intersubjetivo de interesses) já foi submetida a uma dupla apreciação jurisdicional (sentença da Vara e acórdão do Tribunal, na remessa *ex officio*).

Com vista à exigência legal da remessa **de ofício**, devemos ter sempre em mente a noção de que o legislador procurou fazer com que a primeira decisão desfavorável à Fazenda Pública só se submeta ao fenômeno jurídico da coisa julgada material se a causa for reapreciada pelo Tribunal. O art. 496, do CPC, nesse particular, é muito elucidativo: a sentença proferida contra a Fazenda Pública está sujeita ao duplo grau de jurisdição, e, sem que isso ocorra, não produzirá nenhum efeito. Deve ser lembrada, ainda, a advertência contida na Súmula n. 423, do Supremo Tribunal Federal, de que "Não transita em julgado a sentença por haver omitido o recurso (*sic*) *ex officio*, que se considera interposto *ex lege*". Isso não significa, no entanto, que toda vez que, em decorrência da mesma relação jurídica material controvertida, houver uma decisão contrária à Fazenda, se torne obrigatória a remessa *ex officio*.

Para resumir: o nosso entendimento é de que a prerrogativa legal da remessa *de ofício* se esgotará, tanto que seja realizada uma única vez. Para esse fim, devemos considerar não a relação jurídica processual, mas a relação jurídica material. Expliquemo-nos: se a satisfação da exigência dessa remessa só ocorresse quando realizada na mesma relação processual, deveríamos concluir que se o acórdão rescisório fosse desfavorável à Fazenda Pública (na situação factual de que estamos cogitando) a remessa ex officio seria exigível, porquanto a remessa anterior se deu em relação processual diversa, embora envolvendo as mesmas partes e a mesma matéria. Assim, o que se deve verificar é se a relação de direito material foi objeto de duplo exame jurisdicional (na mesma relação processual), ou não. Se foi, não se deverá pensar em remessa *ex officio* quando o acórdão for desfavorável à Fazenda Pública, sob pena de haver duas ou mais remessas, em decorrência da mesma relação de direito material.

b) Sentença desfavorável e remessa não provida

Se a sentença foi contrária à Fazenda Pública e o Tribunal negou provimento à remessa **de ofício**, não caberá outra remessa na ação rescisória. Conquanto, nesta hipótese, a Fazenda Pública tenha ficado vencida na causa, devemos chamar a atenção para o fato de que a referida causa foi submetida ao duplo grau de jurisdição. Como dissemos, a intenção do legislador foi fazer com que as decisões contrárias à Fazenda Pública só transitassem em julgado se confirmadas pelo Tribunal — justamente o que se deu no exemplo em estudo.

Dessa forma, se a Fazenda Pública não obtiver êxito na ação rescisória que vier a ajuizar, não se determinará a remessa *ex officio* ao Tribunal Superior do Trabalho, pois a causa foi reapreciada pelo Tribunal Regional. A propósito, a condenação da Fazenda Pública não foi imposta pelo acórdão proferido na ação rescisória (que rejeitou o pedido formulado na correspondente petição inicial), mas pela sentença da Junta, que foi "confirmada" pelo Tribunal, ao reexaminar a causa.

c) Sentença favorável e recurso provido

Nesse caso, a sentença da Vara foi favorável à Fazenda Pública, mas o Tribunal deu provimento integral ao recurso ordinário interposto pelo autor.

Poder-se-ia supor, em razão disso, que se a Fazenda Pública ingressasse com ação rescisória, e nisso não obtivesse êxito, os autos deveriam ser obrigatoriamente remetidos ao Tribunal Superior, para efeito de reexame necessário. Afinal, o acórdão foi contrário a ela. Dissentimos dessa presumível opinião. Devemos alertar, mais uma vez, para o fato de, na situação em foco, a causa (lide) haver sido apreciada por dois graus da jurisdição (Vara e Tribunal Regional). A particularidade de a condenação haver derivado do acórdão emitido pelo Tribunal Regional é, por isso mesmo, irrelevante.

Seria de objetar-se que o art. 496, do CPC, exige que a decisão seja confirmada por outro órgão jurisdicional, como condição para que passe em julgado. Cabe-nos redarguir, todavia, em caráter proléptico, primeiramente, que a norma a ser aplicada no processo do trabalho não é a do art. 496, do CPC, mas, sim, a do art. 1º, inciso V, do Decreto-Lei n 779/1969, que não alude à confirmação da decisão — permitindo, desse modo, a construção de um entendimento específico, acerca de seu alcance; segundamente, que a mesma lógica que imporia a remessa *ex officio* na ação rescisória deveria justificar essa remessa com relação ao próprio acórdão emitido pelo Tribunal Regional ao julgar o recurso ordinário interposto pelo autor. Afinal, como dito, foi esse acórdão que, em rigor, impôs (pela primeira vez) a condenação à Fazenda Pública. Ora, as mesmas razões, lógicas e jurídicas, que não determinaram a remessa *ex officio* do acórdão proferido no recurso ordinário, rechaçam a ideia de que deverá haver remessa dessa natureza na ação rescisória, cujo acórdão foi desfavorável à Fazenda Pública.

Seria muito mais coerente, por esse motivo, que se impusse a remessa *ex officio* dos autos contendo o acórdão regional que deu provimento ao recurso ordinário interposto pelo autor. Essa possibilidade, contudo, é obstada pelo art. 1º, inciso V, do Decreto-Lei n. 779/1969, que faz referência a "recurso ordinário". Malgrado saibamos que não se trata de recurso, senão que de remessa, o fato é que essa expressão legal permite inferir que a remessa só se impõe no processo de conhecimento e quando for o caso de caber recurso ordinário (e, não, de revista) da decisão desfavorável à Fazenda Pública.

d) Sentença favorável e recurso não provido

Cogita-se, nesta altura, de sentença favorável à Fazenda Pública, a cujo recurso ordinário, interposto pelo autor, se negou provimento. Nesse caso, como se percebe, a Fazenda Pública foi vitoriosa na causa.

Se o autor ingressar com ação rescisória do acórdão regional (pois este substituiu a sentença, nos termos do art. 1.008, do CPC), e nisto obtiver sucesso, a remessa *ex officio* deverá ser efetuada — ao contrário, portanto, do que aconteceu nas situações anteriormente examinadas. Justifiquemo-nos.

Em que pese ao fato de, na hipótese, a causa haver sido submetida ao duplo grau de jurisdição (Vara e Tribunal Regional), devemos considerar que, em ambas ocasiões, as decisões foram favoráveis à Fazenda Pública. Consequentemente, não houve remessa *ex officio*. Segue-se, que a primeira condenação que se lhe impôs, no tocante à relação de direito material, decorreu do acórdão proferido na ação rescisória. Esta nota singular, a nosso ver, atrai a incidência do inciso V, do art. 1º, do Decreto-Lei n. 779/1969.

Incumbirá, portanto, ao Tribunal Regional, que julgar a ação rescisória de modo contrário aos interesses da Fazenda Pública, ordenar, *ex officio*, a remessa dos autos ao Tribunal Superior, independentemente de haver interposição de recurso, por parte desta. Não o fazendo, o Presidente daquela Corte Superior poderá avocar os autos (CPC, art. 496, parágrafo único).

É evidente que, em uma atitude mais radical, se poderia negar a possibilidade de haver remessa *ex officio* na ação rescisória, em qualquer caso, ao argumento de que essa remessa estaria circunscrita ao processo original, que se encerrou com a sentença (ou com o acórdão) que se quer rescindir. Preferimos, contudo, ficar com a opinião que manifestamos nas linhas anteriores, por nos parecer a que capta com mais sensibilidade o objetivo do Decreto-Lei n. 779/1969, sem frustrá-lo, por um lado, nem exacerbá-lo, por outro.

Esclarecemos que a nossa opinião, aqui manifestada, acerca da remessa *ex officio* em ação rescisória, está vinculada à Súmula n. 303, do TST, que também se ocupa dessa remessa em outras situações:

> FAZENDA PÚBLICA. REEXAME NECESSÁRIO (nova redação em decorrência do CPC de 2015) - Res. 211/2016, DEJT divulgado em 24, 25 e 26.08.2016
>
> I - Em dissídio individual, está sujeita ao reexame necessário, mesmo na vigência da Constituição Federal de 1988, decisão contrária à Fazenda Pública, salvo quando a condenação não ultrapassar o valor correspondente a: a) 1.000 (mil) salários mínimos para a União e as respectivas autarquias e fundações de direito público; b) 500 (quinhentos) salários mínimos para os Estados, o Distrito Federal, as respectivas autarquias e fundações de direito público e os Municípios que constituam capitais dos Estados; c) 100 (cem) salários mínimos para todos os demais Municípios e respectivas autarquias e fundações de direito público.
>
> II – Também não se sujeita ao duplo grau de jurisdição a decisão fundada em: a) súmula ou orientação jurisprudencial do Tribunal Superior do Trabalho; b) acórdão proferido pelo Supremo Tribunal Federal ou pelo Tribunal Superior do Trabalho em julgamento de recursos repetitivos; c) entendimento firmado em incidente deresolução de demandas repetitivas ou de assunção de competência; d) entendimento coincidente com orientação vinculante firmada no âmbito administrativo do próprio ente público, consolidada em manifestação, parecer ou súmula administrativa.
>
> III - **Em ação rescisória, a decisão proferida pelo Tribunal Regional do Trabalho está sujeita ao duplo grau de jurisdição obrigatório quando desfavorável ao ente público, exceto nas hipóteses dos incisos anteriores. (ex-OJ nº 71 da SBDI-1 - inserida em 03.06.1996).** (Destacamos.)
>
> IV - Em mandado de segurança, somente cabe reexame necessário se, na relação processual, figurar pessoa jurídica de direito público como parte prejudicada pela concessão da ordem. Tal situação não ocorre na hipótese de figurar no feito como impetrante e terceiro interessado pessoa de direito privado, ressalvada a hipótese de matéria administrativa. (ex-OJs ns. 72 e 73 da SBDI-1 – inseridas, respectivamente, em 25.11.1996 e 03.06.1996)

CAPÍTULO XXVII

RESTITUIÇÃO DE QUANTIAS PAGAS POR FORÇA DA DECISÃO RESCINDIDA

Comentário

Não raro, quem busca a rescisão de um pronunciamenteo jurisdicional que lhe foi desfavorável não se contenta em obter, apenas, a desconstituição da coisa julgada material: deseja, também, fazer com que o seu patrimônio econômico, desfalcado em virtude de uma execução fundada da decisão rescindida, seja restabelecido. A simples rescisão, portanto, não lhe basta, porque nem sempre possui eficácia para reparar o direito, em todas a sua dimensão. Imagine-se, por exemplo, um empregador que tenha pagado determinada quantia a um empregado, por força de decisão transitada em julgado - que, mais tarde, veio a ser rescindida: esse empregador, por certo, desejará receber de volta aquilo que pagou. Diante disso, passou-se a controverter, na doutrina e na jurisprudência, de que meios jurídicos esse vencedor, na ação rescisória, deveria valer-se para recuperar o que lhe foi retirado em decorrência da execução calcada na decisão rescindida.

Basicamente, três correntes de opinião se formaram, a respeito do tema. A primeira sustentava que essa cobrança deveria ser realizada nos autos da ação ("reclamação") que deu origem à decisão rescindida, ou seja, da ação promovida pelo trabalhador; a segunda, que deveria ser objeto de ação autônoma, na qual se obteria uma sentença reconhecedora do crédito e que se converteria em título executivo; a terceira, que a cobrança deveria ser realizada nos autos da própria ação rescisória. Encontrava-se ainda acesa a discussão sobre o assunto, quando a Medida Provisória n. 2.180-35, de 24-8-2001, acrescenta ao art. 836, da CLT, o parágrafo único, assim redigido: "A execução da decisão proferida em ação rescisória far-se-á nos próprios autos da ação **que lhe deu origem**, e será instruída com o acórdão da rescisória e a respectiva certidão de trânsito em julgado" (destacamos). Prevaleceu, assim, a **primeira** das correntes de opinião, por nós há pouco mencionadas.

Do ponto de vista prático, entretanto, qual o procedimento a ser adotado pela parte, vencedora na ação rescisória, que desejar recuperar a quantia paga em decorrência da execução (consumada, portanto) que se processou com base na decisão rescindida?

Pensamos que esse procedimento seja o da execução, até porque o parágrafo único do art. 836, da CLT, faz expressa referência à "execução da decisão proferida em ação rescisória". O título executivo (CPC, art. 515), no caso, será o acórdão rescisório. Desse modo, mediante petição escrita, instruída, no mínimo, com cópia do acórdão rescisório e com certidão do trânsito em julgado deste, o credor (vencedor na ação rescisória) requererá ao juízo de primeiro grau (no qual se processou a execução em que figurou como devedor) a atualização dos valores por ele pagos, e que os deseja ver restituídos. Feita a atualização, o juiz dará vista ao devedor, que poderá impugnar os cálculos. Decidido o incidente, o devedor será citado para, em 48 horas, pagar (CLT, art. 880) ou oferecer bens à penhora (CLT, art. 882). Decorrido esse prazo, sem que nem uma coisa nem outra tenha sido feita, o oficial de justiça procederá à penhora de bens (CLT, art. 883). Da intimação da penhora o devedor disporá de cinco dias para oferecer embargos à execução (CLT, art. 884), que serão resolvidos mediante sentença (CLT, art. 885). O recurso interponível será o de agravo de petição (CLT, art. 897, letra "a"), admitindo-se, quando for o caso, o agravo de petição adesivo (TST, Súmula n. 283).

Cuida-se, portanto, de uma execução *sui generis*, em que o trabalhador figurará como devedor, quando o vencedor na ação rescisória for o empregador.

SEGUNDA PARTE

DO PROCEDIMENTO

CAPÍTULO I

INTRODUÇÃO

Não se confundem os conceitos jurídicos de **processo** e de **procedimento**: o primeiro é o método, a técnica adotada institucionalmente pelo Estado para solucionar, por essa forma heterônoma, os conflitos subjetivos de interesses ocorrentes entre os indivíduos em geral, sabendo-se que, em nosso sistema legal, é defesa a autotutela de direitos (CP, art. 345); o segundo representa a maneira pela qual o processo se revela ao mundo sensível.

É evidente que se as partes possuíssem ampla liberdade para atuar em juízo, praticando os atos que bem entendessem, no lugar, no tempo e pela forma que melhor lhes conviessem, isso conduziria a um incontrolável tumulto do procedimento, além de favorecer ao litigante mais astuto e afeito a atitudes de má-fé, e de subtrair do juiz a direção do processo, colocando, assim, em risco esse instrumento estatal de composição das lides forenses.

Foi precisamente para evitar o surgimento e a proliferação de situações como as conjecturadas que o legislador concebeu um relativamente rígido e complexo conjunto de exigências, de requisitos ligados à atuação dos contendores em juízo, disciplinando, inclusive, a forma, o momento e o meio segundo os quais devem praticar os atos procedimentais. Trata-se do moderno sistema da legalidade das formas, vigente em grande número de países do Ocidente.

Ao conjunto de atos realizados no processo pelas partes, pelo juiz, pelo Ministério Público, por terceiros, se dá, portanto, o nome de procedimento. Esse conjunto não é, todavia, desordenado, caótico, centrífugo; ao contrário, é integrado por atos que se inter-relacionam harmonicamente, que se interdependem e formam uma unidade lógica e teleológica. Postas em realce tais características, podemos conceituar o procedimento como a série de atos, legal e cronologicamente preordenados, e em regra preclusivos, inter-relacionados e interdependentes, que se encaminham a um ponto de atração comum: a sentença de mérito.

A circunstância de, em alguns casos, o processo findar-se sem exame do *meritum causae* não significa que não tenha existido aí o procedimento; a alusão que fizemos acima à sentença de mérito pressupunha o desenvolvimento integral do processo e do procedimento que lhe corresponde.

O procedimento representa, pois, a manifestação extrínseca e formal do processo, podendo mesmo ser visto como o envoltório do qual o processo é a íntima substância, de acordo com a metáfora atribuída a Von Bülow — o primeiro pensador a abrir o caminho para criar uma ciência construtiva do processo, como reconhece James Goldschmidt: "*La teoría de la relación jurídica procesal y de sus presupuestos forma la base de todos los sistemas del proceso, siendo indudable que a partir de Bülow, y no antes, comienza a formarse una Ciencia propia del Derecho Procesal*"(5).

Cabe lembrar que processo e procedimento também se distinguem quanto à classificação: aquele se triparte em: a) de conhecimento; b) de execução; e c) cautelar; este (procedimento) se biparte em: a) comum; e b) especial, subdividindo-se o primeiro em: a.a.) ordinário; a.b.) sumário (Lei n. 5.584/1970); e a.c.) sumariíssimo, este traçado pelos arts. 852-A a 852-I, da CLT.

Duas breves notas, sendo uma crítica: 1) todos os adjetivos que possuem consoante antes de "io" formam o superlativo com dois "ii"; logo: *sumariíssimo*, como grafamos, e não sumaríssimo, como está na lei (CLT, art. 852-A); 2) o procedimento trabalhista, por princípio, é o ordinário; o sumário foi trazido, muito tempo depois do advento da CLT, pela antedita Lei n. 5.584/1970 e consiste, basicamente, na pálida faculdade de dispensar-se o resumo dos depoimentos, para fazer-se constar da ata a conclusão do colegiado quanto à matéria de fato. Os que supõem ser o procedimento trabalhista, no geral, sumário, chegam a essa inferência mediante um equivocado cotejo com o processo civil; investigada a questão sob esse critério, é elementar que o trabalhista, por ser mais célere que o ordinário do processo civil, parece ser do tipo sumário. A comparação, porém, é imperfeita. A definição sobre a espécie do procedimento trabalhista característico deve ser procurada exclusivamente em seus elementos endógenos, equivale dizer, naqueles que integram o contexto desse processo especializado, sendo, por isso, impróprio e distorcido qualquer critério que se estribe numa correlação com o processo civil. Em síntese: o procedimento trabalhista traçado pelos arts. 763 a 855 da CLT é ordinário, sendo sumário o estabelecido pelo art. 2º, § 3º, da Lei n. 5.584/1970 e sumaríssimo, o previsto nos arts. 852-A a 852-I.

---

(5)) *Teoría General del Proceso*. Madrid: Editorial Labor, 1936. p. 14-15.

CAPÍTULO II

PETIÇÃO INICIAL

1. Comentário

Embora o Estado seja detentor do monopólio da administração da justiça e exerça esse poder-dever por intermédio dos juízes, estes não podem tomar a iniciativa de solucionar os conflitos subjetivos de interesses, que acaso saibam existir entre os indivíduos. A tal incoação os inibe o princípio doutrinário da demanda (ou da inércia jurisdicional), consagrado pelo art. 2º do CPC, supletivamente aplicável ao processo do trabalho (CLT, art. 769).

Sendo assim, a tutela jurisdicional somente poderá ser prestada quando a parte ou o interessado a requerer, nos casos e forma legais.

Vista por esse ângulo, a petição inicial representa o instrumento específico de que se utiliza o indivíduo para provocar o exercício da função jurisdicional — cognitiva, executiva ou cautelar — do Estado, nela manifestando pretensões que encontrem amparo no ordenamento jurídico, sob pena de extinção do processo com julgamento do mérito. Por outro lado, a petição inaugural delimita a extensão da prestação jurisdicional a ser entregue e define a própria natureza desta (CPC, art. 141), pois a norma adverte que o juiz não pode proferir sentença, em prol do autor, de natureza diversa da solicitada, nem condenar o réu em quantidade superior ou em objeto diverso do que lhe foi demandado (CPC, art. 492).

Em razão disso, tem-se dito em doutrina que essa peça de deflagração dos atos processuais corresponde a uma espécie de projeto do provimento jurisdicional que o autor deseja obter — conquanto esse "projeto" possa vir a ser alterado — com maior ou menor intensidade — ou mesmo eliminado pela resposta do réu, contanto que prestigiada pela sentença.

2. Requisitos

Por sua notável importância para o processo, a petição inicial tem a sua validade condicionada a certos requisitos de ordem formal, que, se desatendidos, podem motivar o seu indeferimento, por inépcia (CPC, art. 330, I). Nada obstante os princípios informativos do processo do trabalho imponham um abrandamento dessas exigências, isso não significa que as iniciais nele praticadas não possam ser ineptas.

Na petição inicial, o autor formula requerimentos e pedidos, que são coisas distintas: aqueles se referem à relação jurídica processual (como o juiz ou tribunal a que a petição é dirigida; os nomes, prenomes, estado civil, profissão, domicílio e residência do autor e do réu; o valor da causa; as provas com que pretende demonstrar a verdade dos fatos alegados; o requerimento de citação do réu); estes, ao libelo, ao mérito (como os fatos e os fundamentos jurídicos do pedido e as especificações deste).

No que respeita à ação rescisória — objeto de nosso estudo —, dispõe o art. 968 do CPC que a petição inicial será elaborada com observância dos requisitos essenciais do art. 319 do mesmo diploma, devendo o autor: I — cumular ao pedido de rescisão, se for o caso, o de novo julgamento da causa; II — depositar a importância de 5% sobre o valor da causa, a título de multa, na hipótese de a ação vir a ser, por unanimidade de votos, declarada inadmissível ou improcedente. O § 1º elucida estarem dispensados desse depósito a União, os Estados, o Distrito Federal, os Municípios e respectivas autarquias e fundações de direito público, o Ministério Público, a Defensoria Pública e aqueles que tenham obtido o benefício de gratuidade da justiça.

Conjugando-se as determinações feitas pelo art. 319 do CPC com as emanadas do art. 968 do mesmo Código, temos que a petição inicial de ação rescisória deverá indicar:

2.1. O juízo a que é dirigida

Na Justiça do Trabalho a competência para apreciar ação rescisória é dos tribunais (sendo, portanto, originária), nunca dos órgãos de primeiro grau de jurisdição; desse modo, o cabeçalho da inicial jamais fará alusão a juiz, e sim, ao tribunal competente. Aproveitamos a oportunidade para dizer, sem embargo da observação feita há instantes, que o juiz, enquanto juiz, não é alguém que detenha, como pessoa, o poder de julgar; ele é, antes de tudo um órgão da jurisdição. Reflete, por isso, reprovável culto ao personalismo o hábito — inúmeras vezes constatado — de a inicial ser dirigida nominalmente ao juiz e não a ele como órgão, impessoalmente considerado. Também aqui calham, com perfeição, as sentenciosas palavras do jovem Hamlet: "É um desses hábitos, cuja quebra honra mais do que a observância".

Versando sobre matéria pertinente ao direcionamento da petição inicial, dispunha a Orientação Jurisprudencial n. 70, da SBDI-II, do TST:

> "Ação rescisória. Manifesto e inescusável equívoco no direcionamento. Inépcia da inicial. Extinção do processo. O manifesto equívoco da parte em ajuizar ação recisória no TST para desconstituir julgado proferido pelo TRT, ou vice-versa, implica a extinção do processo sem julgamento do mérito por inépcia da inicial".

Vigente o atual CPC, impôs-se modificação no teor da referida OJ, que passou a ser o seguinte:

> "70. AÇÃO RESCISÓRIA. REGÊNCIA PELO CPC DE 1973. MANIFESTO E INESCUSÁVEL EQUÍVOCO NO DIRECIONAMENTO. INÉPCIA DA INICIAL. EXTINÇÃO DO PROCESSO (atualizada em decorrência do CPC de 2015) - Res. 220/2017, DEJT divulgado em 21, 22 e 25.09.2017. Sob a égide do CPC de 1973, o manifesto equívoco da parte em ajuizar ação rescisória no TST para desconstituir julgado proferido pelo TRT, ou vice-versa, implica a extinção do processo sem julgamento do mérito por inépcia da inicial".

Está implícito no enunciado dessa OJ, portanto, que na vigência do CPC de 2015 o equívoco da parte no direcionamento da petição inicial da ação rescisória só acarretará a extinção do processo (sem resolução do mérito) se a parte, regularmente intimada, deixar de atender ao despacho judicial que lhe determinou a correção desse direcionamento. O fundamento desse despacho será o art. 321, do CPC.

2.2. Nomes, prenomes, estado civil, existência de união estável, profissão, número de inscrição no CPF-MF ou no CNPJ, endereço eletrônico, domicílio e residência do autor e do réu

A exigência de que a peça exordial mencione o nome, prenome, estado civil, existência de união estável, o número de inscrição no CPF ou no CNPJ e a profissão das partes se destina não só a identificá-las, com vistas ao exame da legitimidade, mas também a evitar certos transtornos ou inconvenientes oriundos de eventual homonímia; o endereço dos litigantes se justifica pela necessidade de serem aí realizadas determinadas comunicações de atos processuais (intimação do autor, citação e intimação do réu). A este respeito, é oportuno mencionar a exigência contida no art. 106, do CPC, de que, dentre outras coisas, o advogado, quando postular em causa própria, declare, na inicial ou na contestação, o endereço etc., em que receberá intimação. Sendo a inicial omissa, neste ponto, deverá o juiz, antes de ordenar a citação do réu, intimar o advogado a suprir a falta, no prazo cinco dias, sob pena de indeferimento da incial (*ibidem*,§ 1º). Se o endereço do advogado constava da inicial, mas foi alterado sem que se desse ciência ao juízo da causa, considerar-se-ão válidas as intimações remetidas, mediante carta registrada ou meio eletrônico, a esse endereço (*ibidem*, ,§ 2º).

2.3. Os fatos e os fundamentos jurídicos do pedido

Fatos, para os efeitos do inc. III, do art. 966, do CPC, não são apenas os acontecimentos da vida, mas aqueles acontecimentos que se encontram previstos abstratamente na lei; são, pois, fatos jurídicos, cuja subsunção à norma legal incidente é obra que compete ao juiz (*da mihi factum, dabo tibi ius*). A causa de pedir é algo mais do que isso, pois é o produto da conjugação do fato jurídico, da relação (igualmente jurídica) que em virtude dele se estabelece, e daquilo que pretende o autor. Esses elementos são indispensáveis para a definição da *causa petendi*, motivo por que de nenhum deles a inicial pode prescindir[6].

A Súmula n. 408, do TST, com elogiável sensibilidade, abrandou, em sua primeira parte, a exigência do art. 319, inciso III, do CPC:

"AÇÃO RESCISÓRIA. PETIÇÃO INICIAL. CAUSA DE PEDIR. AUSÊNCIA DE CAPITULAÇÃO OU CAPITULAÇÃO ERRÔNEA NO ART. 966 DO CPC DE 2015. ART. 485 DO CPC DE 1973. PRINCÍPIO "IURA NOVIT CURIA" (nova redação em decorrência do CPC de 2015) – Res. 208/2016, DEJT divulgado em 22, 25 e 26.04.2016.

Não padece de inépcia a petição inicial de ação rescisória apenas porque omite a subsunção do fundamento de rescindibilidade no art. 966, do CPC, de 2015 (art. 485 do CPC de 1973) ou o capitula erroneamente em um de seus incisos. Contanto que não se afaste dos fatos e fundamentos invocados como causa de pedir, ao Tribunal é lícito emprestar-lhes a adequada qualificação jurídica ("*iura novit curia*"). No entanto, fundando-se a ação rescisória no art. 966, inciso V, do CPC de 2015 (art. 485, inciso V, do CPC de 1973), é indispensável expressa indicação, na petição inicial da ação rescisória, da norma jurídica manifestamente violada (dispositivo legal violado sob o CPC de 1973), por se tratar de causa de pedir da rescisória, não se aplicando, no caso, o princípio "*iura novit curia*". (ex-Ojs nºs 32 e 33 da SBDI-2 - inseridas em 20.09.2000)".

Narrados os fatos, passará o autor à apresentação dos fundamentos jurídicos do pedido (ou do que pedirá); o pedido tem, portanto, origem nos fatos expostos. À falta de pedido ou da causa de pedir, fará com que o juiz ou o relator determine que a parte supra a omissão, no prazo de quinze dias, (art. 321, *caput*), sob pena de a inicial ser indeferida (*ibidem*, parágrafo íuniuco). Igual sorte essa peça merecerá quando o pedido for indetrermindo (exceto quando a lei o permitir) ou da narração dos fatos não decorrer, de maneira lógica, a conclusão (II e III, respectivamente). O mesmo se diga quando a inicial for ininteligível.

Como escreveu Pontes de Miranda, a causa de pedir supõe o fato ou série de fatos dentro de categoria ou figura jurídica com que se compõe o direito subjetivo ou se compõem os direitos subjetivos do autor e o seu direito público subjetivo de demandar[7].

Dissemos, linhas atrás, que ao juiz incumbe realizar a subsunção dos fatos à regra de direito incidente porque "A tipificação dos fatos pelo autor é irrelevante, pois se ele categorizou mal, do ponto de vista do direito, os fatos que narrou, pouco importa, pois o juiz conhece o direito e deve categorizá-los com acerto. E se os fatos, corretamente categorizados, autorizam o pedido que foi

---

(6) PASSOS, Calmon de. *Comentários ao Código de Processo Civil*. 3. ed. Rio de Janeiro: Forense, 1979. vol. III, p. 218.
(7) *Comentários ao Código de Processo Civil (1939)*. 2. ed. Rio de Janeiro: Forense, 1958. vol. II, p. 418.

feito, nenhum prejuízo pode decorrer para o autor do deslize técnico de seu advogado. Inversamente, se categorizou bem e pediu mal, em nada lhe aproveita ter sido exato na categorização dos fatos, pois que o juiz está adstrito ao pedido formulado, sem poder corrigi-lo de ofício"[8].

É errado pensar que o fundamento jurídico da demanda seja a norma legal (ou o preceito normativo, *lato sensu*), apontada como sustentáculo do pedido; tal fundamento é, na verdade, a natureza do direito que se pleiteia em juízo.

Nos domínios da doutrina, formaram-se duas correntes a respeito da causa de pedir, que desaguaram nas teorias: a) da **substanciação**; e b) da **individuação**. A primeira entende que a causa pretende corresponder ao fato, ou conjunto de fatos capazes de sustentar as pretensões do autor, porquanto é deles que deriva a conclusão; a segunda considera que a causa de pedir é a relação ou estado jurídico afirmado pelo autor como base de sua pretensão, colocando-se, assim, o fato em posição secundária, exceto quando imprescindível para individualizar a relação jurídica.

O atual Código de Processo Civil, ao introduzir no grupo dos requisitos de validade da inicial o indigitamento dos fatos e dos fundamentos jurídicos do pedido (art. 319, III), confessa haver perfilhado a teoria da **substanciação** da causa petendi — o que não constitui novidade em nosso sistema, porquanto essa teoria já encontrara ressonância no inc. III, do art. 158, do Código de 1939, no qual se impunha que tais fatos e fundamentos jurídicos fossem "expostos com clareza e precisão, de maneira que o réu possa preparar a defesa". Em que pese ao fato de o CPC em vigor não conter declaração expressa, nesse sentido, fica evidente que o motivo pelo qual está a exigir que a inicial refira os fatos e os fundamentos jurídicos do pedido está intimamente ligado à garantia constitucional da ampla defesa (Const. Federal, art. 5º, inciso LV) – e, também, à cognição do magistrado, com vistas à entrega da prestação jurisdicional.

2.4. O pedido com suas especificações

Estatui o art. 322, do CPC, que o pedido deve ser **certo**; e o art. 324, do mesmo Código, que deve ser também **determinado**, embora seja permitido ao autor formular pedimento genérico, nas hipóteses de que cuidam os incisos I a III do sobredito dispositivo legal. O CPC de 1973 (art. 286) fazia alusão, a um só tempo, a pedido "certo ou determinado", fato que nos levou a escrever, nas edições anteriores deste livro: "Queremos crer que o emprego do disjuntivo ou, pelo legislador, tenha sido equivocado, pois o pedido, em rigor, deve ser certo *e* determinado. Certeza e determinação não são elementos que se contrapõem, e, sim que se fundem, formando um só corpo. Certo é o pedido apto a expressar, com

---

(8) PASSOS, Calmon de, ob. cit., p. 220.

clareza, aquilo que o autor pretende obter em juízo, não só em qualidade mas também em quantidade e extensão; determinado, o que tem em mira um bem ou uma utilidade da vida perfeitamente caracterizados[9]. Somente em situações excepcionais, a lei admite a formulação de pedidos genéricos (CPC, art. 324, § 1' 1º, incisos I a III). Tirante essas situações, contraria o princípio estampado no *caput* dessa norma legal pedido visando, por exemplo, a condenação do réu "nas penas previstas em lei".

A doutrina costuma separar os pedidos segundo a sua repercussão no tempo; assim, fala-se em pedido mediato e em pedido imediato. O primeiro se refere à modalidade de tutela jurisdicional que se deseja alcançar (declaratória, constitutiva, condenatória); o segundo, à obtenção de um bem da vida que diz lhe estar garantido pelo direito invocado.

Caso o autor, descumprindo o mandamento impresso nos arts. 322 e 324 do CPC, deduza pedidos que não sejam certos e determinados, estará, com tais imperfeições, impedindo o proferimento de sentença de mérito certa e determinada; constando a falha da inicial, caberá ao juiz ordenar à parte que a corrija, no prazo de quinze dias (CPC, art. 321, *caput*), pena de ser indeferida (*ibidem*, parágrafo único), com a consequente extinção do processo sem pronunciamento acerca do *meritum causae* (CPC, art. 485, I).

No que tange, especificamente, à ação rescisória, o pedido imediato reside na consecução da tutela jurisdicional rescindente e o mediato na efetiva desconstituição da *res iudicata* (pronúncia constitutiva negativa), seguida, em alguns casos, de novo julgamento da causa (pronúncia virtualmente condenatória). Recordemos que o art. 968, I, do CPC, determina que o autor cumule ao pedido de rescisão, se for o caso, o de rejulgamento da lide. Na esfera da ação rescisória, a pretensão do autor pode restringir-se à atuação do *iudicium rescindens*, como ampliar-se para impetrar um provimento do *iudicium rescissorium*, que corresponde, sob este aspecto, a um plus jurisdicional, pois se realiza sobre os escombros da decisão desfeita pelo *rescindens*.

Dissemos, há pouco, que em situações excepcionais a lei autoriza a formulação de pedido genérico; talvez tivesse andado melhor o legislador se substituísse o adjetivo **genérico** por **indeterminado**, a fim de que pudesse ser harmoniosa a relação desse vocábulo com o **determinado**, no qual se concentra o princípio inscrito no *caput* do art. 324 do Código. Obviamente, que estamos a cogitar uma relativa indeterminação, dado que a absoluta representaria praticamente o *nihil* postulatório. Essa indeterminação relativa — é prudente esclarecer — concerne exclusivamente ao elemento quantitativo do pedido

(9) MARQUES, José Frederico. *Instituições*... vol. III, n. 559.

(*quantum debeatur*, para fazermos uso da fórmula que esteve no gosto dos antigos praxistas), jamais dizendo respeito à existência desse pedido (*an debeatur*).

É à luz das orientações gerais, até aqui enunciadas, que se deve inteligir o requisito do "pedido com suas especificações", constante do inc. IV, do art. 319, do CPC, ao qual faz remissão o art. 968 do mesmo diploma processual.

É possível, todavia, formular-se na ação rescisória pedidos em ordem *subsidiária* (melhor teria feito o legislador de 2015 se mantivesse o substantivo **sucessiva**, constante do art. 289, do CPC de 1973), com fulcro no art. 326, do CPC, como afirma a Orientação Jurisprudencial n. 78, da SDI-II, do TST:

> "AÇÃO RESCISÓRIA. CUMULAÇÃO SUCESSIVA DE PEDIDOS. RESCISÃO DA SENTENÇA E DO ACÓRDÃO. AÇÃO ÚNICA. ART. 326 DO CPC DE 2015. ART. 289 DO CPC DE 1973" (atualizada em decorrência do CPC de 2015) – Res. 208/2016, DEJT divulgado em 22, 25 e 26.04.2016.

É admissível o ajuizamento de uma única ação rescisória contendo mais de um pedido, em ordem sucessiva, de rescisão da sentença e do acórdão. Sendo inviável a tutela jurisdicional de um deles, o julgador está obrigado a apreciar os demais, sob pena de negativa de prestação jurisdicional".

Nada obsta, ainda, a que a parte formule, na ação rescisória, mais de um pedido, de maneira aglutinada, mesmo que entre eles não haja conexão, desde que atendidos os requisitos do art. 327, do CPC.

2.4.1. *O valor do pedido*

Também em sede ação rescisória é necessário que a petição inicial, em princípio, indique o valor dos pedidos (CLT, art. 840, *§ 1º º*). Dissemos: **em princípio**, porque haverá situações em que o pedido pode não ter natureza pecuniária. De qualquer modo, sempre que a quantificação do pedido for exigível, e a inicial omitir-se a esse respeito, não deverá ser indeferida de plano, como faz supor o malsinado § 3º da norma legal mencionada: o indeferimento somente será corrente se o autor não atender ao despacho judicial que lhe assinou prazo para suprir a falta (CPC, art. 321).

O valor dos pedidos não se confunde com o da causa, embora este deva refletir aquele.

2.5. O valor da causa

Na enumeração dos requisitos de validade da inicial, empreendida pelo art. 319 do CPC, o valor da causa (V) antecede à indicação das provas a serem produzidas (VI) e à opção quanto à audiência de conciliação ou de mediação (VII), o que contrasta com a praxe forense, na qual esse valor vem sempre colocado no final da petição.

O valor da causa constitui requisito da inicial de rescisória trabalhista? Em um primeiro lançar de olhos, não, pois a ele o art. 840, § 1º, da CLT, não faz nenhuma referência. Com efeito, o princípio estadeado no processo do trabalho é o de que o valor da causa não representa requisito essencial à validade da peça vestibular; tanto isso é verdadeiro, que o art. 2º, *caput*, da Lei n. 5.584/1970, declara que se esse valor não constar da inicial o juiz o fixará, para a determinação da alçada. Logo, se a inicial for omissa nesse ponto, a atitude que o juiz deverá adotar não será a de ordenar que o autor complete aquela peça, suprindo suposta irregularidade, e, sim, consistirá em arbitrar, ele próprio, um tal valor. Fique certo, pois, que embora toda causa trabalhista deva ter um valor, este, necessariamente, não precisa estar expresso na petição inaugural.

A despeito dessas considerações, devemos dizer que no caso particular da ação rescisória a inicial correspondente deverá mencionar o valor atribuído à causa, em virtude da remissão integrativa que o art. 836 da CLT faz a todo o capítulo IV, do Título X, Livro I, do CPC de 1973. O fato de estar a viger um novo CPC (de 2015), em nada altera o nosso ponto de vista, pois, por uma questão de simetria, as disposições do art. 836, da CLT, deverão ser interpretadas à luz do novo Estatuto de Processo Civil.

Definido esse entendimento, qual o valor a ser atribuído à inicial da rescisória? Dever-se-á atender aos minuciosos critérios estabelecidos pelo art. 292 do CPC? Conquanto possa parecer que a resposta deva ser afirmativa, não podemos deixar de levar em conta o fato de que a rescisória visa sempre a um pronunciamento jurisdicional (passado em julgado) emitido em uma causa a que se atribuíra um valor. Dessa forma, em princípio, o valor a ser dado à inicial da rescisória deve ser o mesmo que foi atribuído à demanda anterior, na qual foi proferida a decisão rescindenda. É óbvio que essa identidade de valores não poderá ser a mesma quando, *e.g.*, a rescisória tiver por objeto apenas parte da decisão atacada. É oportuno registrar o fato de a jurisprudência vir manifestando tendência de adotar o entendimento de que o valor da causa, na rescisória, deverá ser o da ação anterior (em que se produziu a decisão rescindenda), corrigido monetariamente, desde que se esteja buscando a rescisão integral. Desse modo, se o autor pretender rescindir apenas em parte a sentença ou o acórdão, sugere-se que o valor da rescisória seja estabelecido proporcionalmente ao da causa anterior.

Seja como for, o réu poderá, no prazo da contestação, impugnar o valor da causa; essa impugnação será autuada em apenso, embora julguemos não traduzir erro crasso o fato de ela ser feita na própria peça de contestação, como "preliminar". O autor será ouvido, em cinco dias, sobre a impugnação; decorrido esse prazo, com ou sem manifestação deste, o relator proferirá decisão no prazo legal, fixando um valor à causa, sendo facultado, para isso, valer-se de perito. Não impugnando, o réu, o valor dado à causa, pelo autor, presume-se que o aceitou. Fora dos casos de ação rescisória, sempre sustentamos a opinião de que, no processo do trabalho, em situações excepcionais, o juiz poderá alterar, *ex officio*, o valor atribuído à causa, em nome do conteúdo ético do processo. Seria o caso, por exemplo, de os pedidos líquidos, constantes da própria inicial, perfazerem montante equivalente a cem salários mínimos, mas o autor atribuir à causa valor, apenas, de um salário mínimo, objetivando, com isso, tornar irrecorrível a sentença que viesse a ser aí proferida (Lei n. 5.584/1970).

No plano da ação rescisória, contudo, essa estratégia do autor não surtiria efeito, porquanto a Súmula n. 365, do TST, afirma não ser aplicável à ação rescisória (e à ação de mandado de segurança) a regra da alçada única, introduzida pela sobredita norma legal. Não queremos dizer, com isso, que em sede de ação rescisória o relator não possa alterar, por sua iniciativa, o valor dado à causa, quando o conteúdo ético do processo estiver sendo manifestamente contravindo pelo autor. Desde que o relator esteja convencido de que teria sido este o escopo do autor, aberta estará a possibilidade de modificar o valor atribuído por este à causa, pela razão já exposta, mesmo que o réu não o tenha impugnado. É necessário advertir que, no terreno processual, nem sempre tudo se resolve sob a perspectiva privada, ou seja, da manifestração ou da ausência de manifestação das partes, pois, para além de método estatal de solução de conflitos, o processo está serviço do próprio interesse público, sendo, por isso, intolerável qualquer transgressão ao seu conteúdo ético.

Por outras palavras, sempre sustentando a possibilidade – ou, melhor, o **dever** – de o juiz do trabalho (em nome da preservação do conteúdo ético do processo) alterar, por sua iniciativa, o valor atribuído pelo autor à causa, quando esse valor não correspondesse à expressão monetária dos pedidos formulados, nomeadamente, quando se apresentassem de forma líquida. Certos setores da doutrina e na jurisprudência não aceitavam essa nossa opinião, a despeito do contido no art. 765, da CLT. Pois bem, o CPC de 2015 estabelece, no art. 292, § 3º, *verbis*: "**O juiz corrigirá, de ofício e por arbitramdento, o valor da causa quando verificar que não corresponde ao conteúdo patrimonial em discussão ou ao proveito econômico perseguido pelo autor** *[...]*" (Destacamos). O que era nossa mera opinião, converteu-se em norma legal. O que está contido nessa norma, a propósito, não constitui uma faculdade do magistrado, senão que um **dever** a ele imposto pelo sistema processual. Basta ver a dicção legal imperativa: "O juiz **corrigirá**".

2.6. As provas com que o autor pretende demonstrar a verdade dos fatos alegados

Conforme seja o fundamento da rescisória e a resposta que o réu a ela oferecer, haverá necessidade, ou não, de abrir-se, no momento procedimental oportuno, uma fase destinada à produção de provas, como prevê o art. 972 do CPC. Esse assunto será examinado de maneira mais ampla no Caderno n. 43 (capítulo IV). Por enquanto, limitemo-nos a informar que somente quando houver necessidade de instaurar-se a mencionada fase é que fará sentido a exigência contida no precitado artigo do álbum processual civil, quando então deverá o autor indicar, já na inicial, os meios probantes que pretenderá utilizar para comprovar a veracidade dos fatos narrados naquela peça.

Em algumas situações, entretanto, dita fase instrutória específica é dispensável (ou mesmo desnecessária), como quando a matéria da qual o autor extrai o pedido for apenas de direito, hipótese em que eventual requerimento tendente à produção de provas orais deverá ser indeferido, tenha sido apresentado por ele ou pelo réu (CPC, art. 370, parágrafo único). Se, p. ex., a rescisória basear-se em ofensa à coisa julgada ou em violação manifesta de norma jurídica, a prova dessas alegadas infrações haverá de ser feita já com a inicial, por documentos, pois estes são considerados, na espécie aventada, "indispensáveis à propositura da ação" (CPC, art. 320). A CLT contém regra semelhante (art. 787). Antes de indeferir a inicial, contudo, o juiz assinará prazo de quinze dias para que o autor cumpra a exigência do citado artigo; desatendido o despacho, aplica-se a sanção definida no parágrafo único do art. 321. A OJ n. 84, da SDI-II, do TST, adotada na vigência do CPC de 1973, dispõe:

> "AÇÃO RESCISÓRIA. PETIÇÃO INICIAL. AUSÊNCIA DA DECISÃO RESCINDENDA E/OU DA CERTIDÃO DE SEU TRÂNSITO EM JULGADO DEVIDAMENTE AUTENTICADAS. PEÇAS ESSENCIAIS PARA A CONSTITUIÇÃO VÁLIDA E REGULAR DO FEITO. ARGUIÇÃO DE OFÍCIO. EXTINÇÃO DO PROCESSO SEM JULGAMENTO DO MÉRITO. (alterado em 26.11.02) A decisão rescindenda e/ou a certidão do seu trânsito em julgado, devidamente autenticadas, à exceção de cópias reprográficas apresentadas por pessoa jurídica de direito público, a teor do art. 24 da Lei n. 10.522/2002, são peças essenciais para o julgamento da ação rescisória. Em fase recursal, verificada a ausência de qualquer delas, cumpre ao Relator do recurso ordinário arguir, de ofício, a extinção do processo, sem julgamento do mérito, por falta de pressuposto de constituição e desenvolvimento válido do feito".

Essa OJ, entretanto, deverá ser cancelada, não tanto em razão da incidência do disposto no art. 321, do CPC, mas do art. 932, parágrafo único, do mesmo estatuto processual, assim redigido: "**Antes de considerar inadmissível o recurso, o relator concederá o prazo de 5 (cinco) dias ao recorrente paa que seja sanado o vício ou complementada a documentação exigível**" (destacamos).

2.7. A opção do autor pela realização ou não de audiência de conciliação ou de mediação

Este requisito da petição inicial é inexigível no processo do trabalho, pois a conciliação constitui imposição desse sistema, conforme evidencia 764, da CLT. Quanto à mediação, a CLT não a exige. O que se tem é a Resolução n. 174, de 30-9-2016, do Conselho Superior da Justiça do Trabalho, que "**Dispõe sobre a política judiciária nacional de tratamento adequado das disputas de interesses no âmbito do Poder Judiciário Trabalhista e dá outras providências**" (destacamos), estimulando, em nome da "pacificação social", a conciliação e a mediação, ambas a serem realizadas por magistrado ou por servidor público.

O CPC de 1973 inseria, no elenco dos requisitos que a petição inicial deveria conter, o **requerimento para a citação do réu** (art. 282, VII). Esse requisito foi, entretanto, corretamente eliminado pelo CPC de 2015. Assim dizemos, porque sempre nos pareceu dispensável essa exigência, tanto sob o aspecto lógico quanto jurídico. Efetivamente, quando o autor invoca a prestação da tutela jurisdicional do Estado, é evidente que está formulando uma pretensão em face de alguém, a que se denomina réu. Para que o réu possa responder à ação, ou seja, exercer o seu direito constitucional de ampla defesa (CF, art. 5º, LV), é elementar que dela deva ter conhecimento, por meio de um ato específico, que é a citação. Assim sendo, não havia necessidade de exigir que o autor requeresse a citação do seu adversário, porquanto esse ato processual deveria – como deve – ser praticado de ofício. Não sem alguma tardança, o processo civil deu conta disso. O processo do trabalho nunca impôs dito requerimento.

3. O indeferimento da inicial

A petição inicial da ação rescisória será indeferida quando:

A. for inepta;

B. a parte for manifestamente ilegítima;

C. o autor carecer de interesse processual;

D. não forem atendidas as prescrições dos arts. 106 e 321, do CPC;

E. o juiz verificar, desde logo, a decadência ou a prescrição;

F. não efetuado o depósito de 20%, exigido pelo art. 836, da CLT.

Apreciemos, individualmente, essas causas de indeferimento da peça exordial; observemos, antes, que as mencionadas nos subitens A. a E., supra, atinem às petições iniciais em geral, ao passo que a do subitem F. é específica da rescisória.

A. Inépcia (CPC, art. 330, I)

Uma petição inicial será inepta quando:

a) **lhe faltar o pedido ou a causa de pedir.** A *causa petendi* é o conjunto dos fatos que motivaram o ingresso do autor em juízo e com base nos quais formulou um ou mais pedidos. Se na inicial ele pede a desconstituição da sentença rescindenda sem indicar os fatos em que funda a sua pretensão, a inépcia dessa peça é manifesta; inepta igualmente será se limitar-se à narração dos fatos, sem formular os pertinentes pedidos. Sem estes, a própria ação fica sem objeto e a peça inaugural se converte em simples texto literário. Pensamos, entretanto, que a inépcia não decorre unicamente da circunstância de faltar à inicial a causa de pedir ou o pedido: inépcia também haverá quando uma e outro forem confusos, ininteligíveis, não permitindo à parte contrária e ao juiz saberem ao certo do que consta; seria pouco sensato afirmar que essa obscuridade não autorizaria a emissão de um decreto de inépcia pelo mero fato de o inciso I do § 1º do art. 330 não a haver pronunciado de maneira expressa. Ora, se não se pode saber o que em verdade está a pretender o autor, como poderá o juiz prestar-lhe a tutela jurisdicional invocada? Não é bastante que o autor ponha em juízo a rescisória: é indispensável que, com clareza, aponte os fatos que reputa serem constitutivos do seu direito e deduza os pedidos correspondentes: desconstituição da sentença ou do acórdão e eventual rejulgamento da lide. Inicial sem pedido é como sino sem badalo;

b) **o pedido for indeterminado, ressalvadas as hipóteses legais em que se permite o pedido genérico**. Da conjugação dos arts. 322 e 324, do CPC, decorre a exigência de que o pedido deva ser certo e determinado. Em caráter excepcional, o § 1º do art. 324 admite a formulação de pedido genérico nas seguintes situações: a) nas ações universais, se o autor não puder individuar os bens demandados; b) se não for possível determinar, desde logo, as consequências do ato ou do fato; c) quando a determinação do objeto ou do valor da condenação depender de ato que deva ser praticado pelo réu. Dificilmenete, essas exceções atuarão no plano da ação rescisória, designadamente, no sistema do processo do trabalho.

c) **da narração dos fatos não decorrer logicamente a conclusão**. Tem-se dito, aos borbotões, que a petição inicial encerra um silogismo, em que a premissa maior são os fundamentos jurídicos; a premissa menor, os fundamentos de fato e a conclusão, o pedido. De tal arte, para que esse silogismo seja aceito, há necessidade que as suas três partes sejam harmoniosas entre si, ou melhor, que se apresentem logicamente interligadas. Se o autor narra, na inicial, determinados fatos e, em seguida, formula pedidos que não possuem nexo lógico com a pertinente causa petendi, aí estará configurado um caso de inépcia.

João Mendes, aliás, já ensinava, com base na legislação vigente à época, que uma inicial era inepta quando: a) para o fato narrado não existe direito aplicável; b) o direito invocado não é aplicável ao fato alegado; c) da aplicação do direito invocado não se infere a procedência do pedido[10].

A causa da inépcia em exame pressupõe que o autor haja narrado e tipificado corretamente um fato jurídico, porém o tenha dotado de repercussões jurídicas que não guardam relação lógica com ele. Acreditamos não ser esse tipo de deslize muito frequente em sede de ação rescisória, em que, regra geral, o pedido é de desconstituição da *res iudicata*, eventualmente cumulado com o de

(10) *Direito Judiciário Brasileiro*, p. 477.

novo julgamento da causa. Com isso, estamos dizendo, sob outro aspecto, que se o autor alegar, como fundamento da rescisória, que houve erro de fato, mas apoiar o pedido em outro inciso do art. 966 do CPC, essa sua falha de cunho técnico não deverá conduzir à declaração de inépcia da inicial, porque o pedido, na hipótese, decorreu de maneira lógica da causa petendi: o que houve foi simples erro de fundamentação. Atua, aqui, o vetusto brocardo latino da *mihi factum dabo tibi ius* e não o inc. III do § 1º do art. 330, do CPC. A Súmula n. 408, do TST, consagrou este nosso entendimento, embora com uma ressalva:

> "AÇÃO RESCISÓRIA. PETIÇÃO INICIAL. CAUSA DE PEDIR. AUSÊNCIA DE CAPITULAÇÃO OU CAPITULAÇÃO ERRÔNEA NO ART. 966 DO CPC DE 2015. ART. 485 DO CPC DE 1973. PRINCÍPIO 'IURA NOVIT CURIA'" (nova redação em decorrência do CPC de 2015) – Res. 208/2016, DEJT divulgado em 22, 25 e 26.04.2016.
>
> Não padece de inépcia a petição inicial de ação rescisória apenas porque omite a subsunção do fundamento de rescindibilidade no art. 966, do CPC, de 2015 (art. 485 do CPC de 1973) ou o capitula erroneamente em um de seus incisos. Contanto que não se afaste dos fatos e fundamentos invocados como causa de pedir, ao Tribunal é lícito emprestar-lhes a adequada qualificação jurídica (*"iura novit curia"*). No entanto, fundando-se a ação rescisória no art. 966, inciso V, do CPC de 2015 (art. 485, inciso V, do CPC de 1973), é indispensável expressa indicação, na petição inicial da ação rescisória, da norma jurídica manifestamente violada (dispositivo legal violado sob o CPC de 1973), por se tratar de causa de pedir da rescisória, não se aplicando, no caso, o princípio *"iura novit curia"*. (ex-Ojs nºs 32 e 33 da SBDI-2 - inseridas em 20.09.2000)".

d) **contiver pedidos incompatíveis entre si**. Essa possibilidade somente poderá acontecer quando houver, à evidência, mais de um pedido. Cumpre assentar que o art. 327 do CPC permite a cumulação de pedidos, no mesmo processo e em face do mesmo réu, desde que: a) sejam compatíveis entre si; b) seja competente para conhecer deles um mesmo juízo; c) seja adequado para todos os pedidos o tipo de procedimento. A cumulação, aqui, é objetiva (= de pedidos) e não subjetiva (= de partes). O requisito medular para a sua admissibilidade não é, em rigor, a compatibilidade lógica e sim a jurídica.

Por outro lado, mesmo que os pedidos sejam conciliáveis entre si, a inicial merecerá o decreto de inépcia de um deles, p. ex., quando não decorrer logicamente dos fatos narrados.

Como estamos falando de inépcia da peça inaugural, torna-se conveniente verificarmos agora que efeitos provoca o ato jurisdicional que a decreta. Em caráter antepredicamental, esclareçamos que sendo a rescisória da competência originária dos tribunais trabalhistas, o seu indeferimento se dá por decisão (motivada) do relator, do qual caberá agravo regimental para o Tribunal a que ele se encontra integrado. É possível, porém, que alguns Regimentos Internos disciplinem de modo diverso a matéria. O efeito principal da decisão monocrática denegatória da peça vestibular da rescisória é a extinção do processo sem resolução do mérito — exceto se for o caso de pedido juridicamente impossível, hipótese em que, a nosso ver, a extinção será com pronúncia respeitante ao *meritum causae*.

O art. 321 do CPC, ao dispor que "**O juiz, ao verificar que a petição inicial não preenche os requisitos dos arts. 319 e 320 ou que apresenta defeitos e irregularidades capazes de dificultar o julgamento de mérito, determinará que o autor, no prazo de 15 (quinze) dias, a emende ou a complete, indicando com precisão o que deve ser corrigido ou completado**" (destacamos) e, no parágrafo único, que se o autor não cumprir a diligência o juiz indeferirá a petição inicial, pode conduzir à errônea ilação de que a inicial somente poderá ser indeferida, por inepta, se o autor não atender ao despacho de que trata a norma processual sobredita. Assim afirmamos porque a inépcia (juntamente com a ilegitimidade de parte e a falta de interesse de agir) caracteriza irregularidade substancial, que, por isso, não podem ser sanadas. Como advertiu Calmon de Passos, com os olhos postos no CPC de 1973,

> "Nem se diga que essa distinção entre defeitos substanciais e defeitos não substanciais é descabida, por força da nova sistemática. É o próprio Código, neste art. 295, que autoriza fazê-la. Como se observa de seu texto, uma das hipóteses de indeferimento da inicial é a mencionada no inciso VI — 'quando não atendidas as prescrições dos arts. 39, parágrafo único, primeira parte, e 284'. Logo, as previsões dos **incisos I a V do art. 295 não se contêm no art. 284, nem podem ser inferidas como por ele abrangidas**"[(11)] (destacamos).

É de nossa convicção, no entanto, que em se tratando de **suposta** inépcia, ou seja, de situação não prevista no art. 330, I, do CPC, o relator deve assinar prazo para que a parte emende ou complete a inicial, na forma determinada pelo art. 321, do CPC.

O CPC de 1973 considerava inepta a inicial também quando o pedido fosse **juridicamente impossível**. A possibilidade jurídica do pedimento posto em juízo formava, segundo o art. 267, VI, daquele CPC, ao lado da legitimidade *ad causam* e do interesse de agir, o conjunto a que a doutrina liebmaniana denominou de condições da ação. Há algum tempo, no entanto, vínhamos criticando em parte o pensamento de Liebman a propósito do assunto, pois sempre entendemos que a impossibilidade jurídica do pedido era causa de extinção do processo com julgamento do mérito, sabendo-se que em sua doutrina a falta dessa condição, assim como da legitimidade *ad causam* e do interesse de agir, conduziam à extinção do processo sem exame do mérito (CPC de 1973, art. 267, VI), autorizando, assim, a que o autor voltasse a juízo para formular os mesmos pedidos (CPC de 1973, art. 268). Data vênia – argumentávamos – se há no ordenamento jurídico um veto à formulação de certo pedido, é elementar que o reconhecimento desse fato, pela sentença, faz cessar o processo mediante pronúncia acerca do *meritum causae*. A prevalecer ocasional opinião contrária, estaríamos permitindo que o

(11) Ob. cit., p. 294.

autor intentasse outra vez a ação, mesmo que a norma legal proibitiva da pretensão continuasse a viger: o novo ingresso em juízo implicaria, portanto, uma afronta à dicção da lei. De qualquer forma, estas nossas objeções possuem atualmente interesse apenas histórico, por dois motivos: a) o próprio Liebman, revendo a sua doutrina. Nesse ponto, terminou por excluir a possibilidade jurídica do pedido do elenco das condições da ação, como atestam estas suas palavras: "*Le condizioni dell'azione, poco fa mencionate, sono l'interesse ad agire e la legittimazione. Esse sono, come gia accenato, i requisiti di esistenza dell'azione, e vanno percio accertate in giudizio (anche se, di solito, per implicito) preliminarmente all'esame del mérito. Solo si ricorrono questi condizioni, può considerarsi esistente l'azione e sorge per il giudice la necessità di provedere sulla domanda, per accoglierla o respingerla*"(12); b) o CPC de 2015 não inseriu no rol das causas de inépcia da inicial o pedido **juridicamente impossível**. A propósito, essa expressão, a despeito de estar consagrada, não é de todo correta, pois o que se verifica, em tal caso, não é que o pedido, em si, seja juridicamente impossível: a impossibilidade jurídica está no seu **acolhimento** em juízo. Logo, melhor seria que se dissesse: **pedido juridicamente inatendível**.

Em suma: se o órgão jurisdicional, por alguma razão que possa juridicamente invocar, convencer-se de que há um veto, um obstáculo legal às pretensões deduzidas pelo autor, deverá **rejeitar** o pedido por ele apresentado e não declará-lo carecente da ação.

Retornemos ao CPC de 2015.

B. Ilegitimidade manifesta da parte (CPC, art. 330, II)

No geral, encontram-se legitimadas para a ação rescisória as mesmas pessoas que figuraram como partes no processo em que foi proferida a decisão rescindenda ou seus sucessores a título universal ou singular (CPC, art. 967, I). Além disso, a lei atribui legitimidade ativa ao terceiro juridicamente interessado e ao Ministério Público, este, nas situações mencionada da precitada norma legal. (idem, *ibidem*, II e III).

O exame dos conceitos de capacidade de ser parte e de capacidade processual, tão necessário ao estudo da relação processual, perde, em larga medida, a sua importância no campo da ação rescisória, pois, segundo acabamos de asseverar, a regra, quanto a esta, é de que a legitimidade tanto ativa quanto passiva coincide com aquela que marcou o processo anterior, extinto por força da sentença (de mérito) rescindenda.

No caso dos arts. 330, II e 967, I, ambos do CPC, a legitimidade de que falam é exclusivamente a ativa, vez que essa condição da ação é focalizada do ponto de vista do deferimento ou indeferimento da petição inicial. É evidente que se a

(12) *Manuale di Diritto Processuale Civile*. 3. ed. Milano: Giuffrè, 1973. vol. I, p. 120.

ilegitimidade disser respeito ao réu, o problema se desloca da inicial para a resposta que este vier a oferecer (CPC, arts. 337, XI e 970), e, sendo manifesta a sua falta de legitimidade, o processo será igualmente extinto sem pronunciamento sobre o mérito da ação.

No plano da ação rescisória, cabe destacar, o juiz (relator) terá condições mais concretas para verificar se a ilegitimidade é, ou não, patente, porquanto para isso será suficiente um exame de algumas peças relativas ao processo que culminou com a sentença rescindenda — peças que o réu, certamente, tratou de juntar à sua contestação, dentre as quais são importantes para essa finalidade a petição inicial, a resposta a ela e a sentença rescindenda.

Para que a ilegitimidade seja declarada, não é indispensável que a parte interessada a alegue (na espécie, o réu), pois sendo a legitimidade uma das condições da ação, a sua falta pode (e deve) ser pronunciada pelo juiz, *ex officio* (CPC, art. 485, § 3º). Dessa forma, se o relator, compulsando peças da própria inicial concernente à causa em que foi prolatada a decisão rescindenda (supondo-se que estas tenham sido juntadas pelo autor à inicial da rescisória), ficar convencido de que há manifesta ilegitimidade do autor, indeferirá a referida peça inicial, antes mesmo de ordenar a citação do réu, cuja decisão será impugnável (quase sempre) por agravo regimental, no prazo fixado pelo Regimento Interno do Tribunal a que pertencer o relator.

Devemos indagar, neste momento, contudo, qual teria sido a intenção do legislador ao aludir, no art. 330, II, do CPC, à ilegitimidade manifesta: não bastaria falar em ilegitimidade? Como as leis não contêm termos inúteis — embora esse princípio não seja necessariamente dogmático —, quer nos parecer que o advérbio **manifestamente**, utilizado na redação da norma legal, esteja a significar, *a contrario sensu*, que se o juiz tiver dúvida quanto à legitimidade do autor, não deverá indeferir a inicial, aguardando, portanto, a resposta a ser oferecida pelo réu, para se certificar, em definitivo, se há, ou não, legitimidade. Cremos ter sido essa a única razão para o emprego do mencionado advérbio.

C. Falta de interesse processual (CPC, art. 330, III)

No passado, por influência da teoria civilista da ação (Savigny, João Monteiro), o interesse de agir em juízo era considerado como uma espécie de simples repercussão do interesse protegido pelo direito material; com isso, se dizia que quando o direito subjetivo era ameaçado ou lesado, o que nele estava contido recebia a denominação de interesse de agir – atualmente, denominado de **interesse processual**.

Modernamente, todavia, em decorrência do reconhecimento da autonomia do direito de ação, já não se confunde o interesse que é próprio do direito substancial com o interesse processual.

Debruçando-se sobre o problema do interesse processual, a doutrina cindiu-se em duas correntes: a primeira entende que dito interesse emana da necessidade de se obter um pronunciamento jurisdicional sobre a *res in iudicio deducta*; a segunda sustenta que tal interesse é caracterizado pela utilidade que o decreto judicial proporciona ao autor, com ser eficiente para solver, em seu benefício, o conflito de interesses em que se encontra envolvido. Dizendo-se por outras palavras: pela primeira opinião doutrinária, o interesse existirá sempre que o indivíduo invocar a tutela jurisdicional do Estado, com o objetivo de solucionar o litígio que não pôde ser dirimido extrajudicialmente; pela segunda, o interesse se relaciona com o pressuposto de que o provimento da jurisdição seja efetivamente eficaz para a resolução do conflito.

No passado, entretanto, não era convergente a posição da doutrina acerca da existência de um interesse de agir em juízo – ou interesse processual. Já em 1928, Invrea refutava todas as concepções sobre o tema. A seu ver, a ideia de interesse era supérflua, redundante, porquanto o interesse estaria relacionado intimamente com a propositura da ação. Deitou críticas contundentes à teoria de Mortara (da utilidade) e de Chiovenda (da necessidade). Partindo da afirmação de que a liberdade jurídica não deve receber restrições desnecessárias, conclui ser imprescindível que exista uma razão jurídica — e não um mero interesse — para ser aceita essa restrição. Para ele, a razão jurídica se configurava pelo fato de o réu haver perpetrado uma lesão de direito (motivo por que deveria arcar com as consequências jurídicas do seu ato) ou pela necessidade de o autor obter um provimento jurisdicional para fazer valer o seu direito (considerando que o limite da liberdade jurídica é o direito alheio).

Carnelutti também anatematiza o conceito de interesse processual, julgando-o "morto, e, se não está morto, moribundo"[13]. Essa conclusão do ilustre jurista italiano se encontra em harmonia com o seu entendimento de que o conteúdo do processo não é a ação, e, sim, a lide, que surge quando alguém deseja a tutela de um interesse, em oposição ao interesse de outrem, que manifesta resistência. Carnelutti reputa ser o interesse simples reflexo da existência da lide; inexistindo esta, o interesse representa uma daquelas situações que devem ser objeto de um processo, a fim de fazer aflorar o direito:

> "Quando se diz, pois, que existe uma lide (ou uma dessas situações) e que, respeito a ela, se deve encontrar naquela relação, que constitui a legitimatio, já se disse tudo; e o interesse de agir não representa senão a quinta roda do carro [...] Se, pois, se considera o próprio processo, não só a lide é uma condição do interesse de agir, mas a sua existência

(13) Lite e Processo. In *Studi di Diritto Processuale*. vol. III, p. 21.

absorve esse inútil requisito: os pressupostos da ação são portanto estes dois: a lide e a legitimação"[14].

Divergimos da opinião de Carnelutti.

Em primeiro lugar, a lide, por si só, não justifica o interesse; basta imaginar-se o recurso interposto pela parte que foi integralmente vencedora na causa: embora esteja presente a lide, é saliente o seu desinteresse (tomado o vocábulo em sua acepção estritamente processual) em deduzir uma pretensão recursal, pois a impugnação da sentença não lhe traria nenhuma utilidade, nem teria sido motivada por suposta necessidade de vê-la modificada. Somente em casos excepcionais — que para os efeitos de nossos argumentos não entram, por ora, em consideração — é que se admitiria a existência de um interesse em recorrer, no exemplo citado. Fora disso, a sua falta seria manifesta. Em segundo, há situações em que não se verifica a presença de lide, mas o interesse de agir, nada obstante, não apenas é concreto como está previsto em lei. Invoquemos, como exemplo, a ação declaratória, cujo pressuposto é precisamente a incerteza quanto à relação que constitui objetivo do litígio; incerteza objetiva e atual, vale dizer, capaz de provocar uma fundada hesitação relativa à verdadeira vontade da lei e ser existente (e não apenas aleatória). Essa situação de dubiedade deve ser ainda de natureza jurídica e apta a produzir danos ao autor.

O interesse processual não é, consequentemente, algo inútil ou desnecessário, como imaginou Carnelutti; ao reverso, ele espelha a mais característica das condições da ação, para não afirmarmos que é, na realidade, a única.

Escapa aos objetivos deste livro, contudo, efetuar uma profunda prospecção doutrinária acerca do interesse processual. Queremos apenas lembrar que no sistema do CPC de 1939 se exigia que o interesse fosse, além de legítimo, econômico ou moral (art. 2º, *caput*), em consonância, pois, com o art. 76 do Código Civil da época. O Estatuto Orocessual Civil de 1973, em atitude acertada, suprimiu do interesse a adjetivação com que vinha marcado no Código anterior. Assim também fez o CPC de 2015, de tal maneira que hoje se requer que haja somente interesse (CPC, art. 17), a despeito de sabermos que ele deve ser de caráter jurídico.

Para demonstrarmos, ainda mais, o equívoco da teoria carnelutiana, ao recusar qualquer importância ao interesse processual, como categoria autônoma, devemos acrescentar que deverá ser declarado carecente da ação rescisória o autor que a puser em juízo com o escopo de desconstituir pronunciamento jurisdicional passado em julgado que lhe foi totalmente favorável: qual seria, na hipótese a necessidade ou a utilidade de desfazer uma tal decisão? Com base em

(14) Carnelutti, *idem*.

situações como esta, pode-se perceber que o interesse de agir não é alguma coisa vaga, imprecisa, diáfana, mas, sim, palpável e relevante, quando menos para evitar que a impetração da tutela da jurisdição não seja motivada por simples capricho do autor.

O mesmo se afirme quanto à rescisória: a) dirigida à sentença que foi substituída pelo acórdão transitado em julgado; b) tendo por objeto acórdão ainda não transitado em julgado.

D. Desrespeito aos arts. 106 e 321 (CPC, art. 330, IV)

É dever do advogado, ou da parte quando postular em causa própria: I — declarar, na petição inicial ou na contestação, o endereço, seu número de inscrição na Ordem dos Advogados do Brasil e o nome da sociedade de advogados da qual participa, para o recebimento de intimações; II — comunicar ao juízo qualquer mudança de endereço (CPC, art. 39).

A quebra dos deveres supracitados gera consequências processuais distintas: se a infração for ao primeiro deles, incumbirá ao relator da rescisória, antes de ordenar a citação do réu mandar que a omissão seja suprida no prazo que lhe assinar, sob pena de indeferimento da inicial; se for ao segundo, considerar-se-ão como regularmente efetuadas as intimações remetidas ao endereço constante dos autos.

Há muito tempo que vimos preconizando a aplicação, ao processo do trabalho, das disposições do art. 106 do CPC, mesmo em primeiro grau de jurisdição. Os motivos que nos conduziram a esse parecer decorreram da verificação de que, em diversos casos, o processo ficava suspenso (ou o procedimento paralisado) porque o réu havia mudado de endereço, sem dar conhecimento ao juízo, e, em função disso, não se conseguia localizá-lo para, digamos, intimá-lo de determinado ato processual; quando não, procedia-se à intimação por edital. Nenhuma dessas soluções, todavia, era satisfatória: suspender-se o processo seria, em derradeira análise, premiar o próprio réu, pois foi ele quem mudou de endereço sem indicar o novo ao juízo; intimá-lo pela forma editalícia seria, quase sempre, atribuir ao autor (inocente e, não raro, paupérrimo) os inconvenientes (deslocamentos, despesas pecuniárias) da publicação do edital. Por isso, sempre que for o caso, aplicamos à risca o art. 106 do CPC, de plena compatibilidade com o processo do trabalho, com remover certos obstáculos criados por uma das partes e, dessa maneira, prestar bons serviços à celeridade processual e à tarefa de desestimular práticas negligenciosas ou mal-intencionadas.

A essa disciplina deve ser submetida, por inteiro, a petição inicial da rescisória e a eventual mudança de endereço da parte ou de seu advogado.

Diz o art. 330 do CPC que a inicial será também indeferida quando não forem acatadas as determinações do art. 321 do mesmo estatuto processual. Em termos concretos, isso quer expressar que se o relator perceber que a inicial da rescisória não atende aos requisitos apontados pelos arts. 319 e 320, ou apresenta defeitos e irregularidades capazes de dificultar o julgamento do mérito, imporá que o autor a emende, ou a complete, no prazo de dez dias, pena de ser indeferida.

Caso o relator receba uma inicial que esteja em desacordo com o art. 319 do CPC, ou mesmo com o art. 320 (que a exige instruída pelos documentos essenciais ao ajuizamento da ação), essa sua inadvertência não impedirá que o réu denuncie tais falhas na contestação, oportunidade em que o relator, alertado sobre elas, procederá da maneira traçada pelo art. 321, *caput*, do Código, vindo a indeferir a petição inicial se a diligência não for cumprida no prazo de quinze dias (*ibidem*, parágrafo único). Se, em situação inversa, o relator indeferir liminarmente a inicial, por entendê-la eivada de algumas irregularidades desse despacho caberá agravo regimental tenha ele concedido, ou não, ao autor, com prazo para saná-las.

O CPC de 1973 previa, ainda, o indeferimento da petição inicial quando: a) o juiz verificasse, desde logo, a decadência ou a prescrição (art. 284, IV); b) o tipo de procedimento, escolhido pelo autor, não correspondesse ao valor da causa, ou ao valor da ação (*ibidem*, IV).

E. Decadência ou prescrição

Quando o juiz decreta o fim do processo, por força de prescrição ou decadência por ele constatadas, vai nisso uma penetração no *meritum causae*, ainda que por vias oblíquas, de tal sorte que o autor não mais poderá voltar a juízo para deduzir as mesmas pretensões formuladas no processo extinto.

De modo geral, os juízes do trabalho deveriam pronunciar, *ex officio*, a decadência, mas não, a prescrição. Em sua redação primitiva, o § 5º do art. 219, do CPC de 1973, estabelecia: "Não se tratando de direitos patrimoniais, o juiz poderá, de ofício, conhecer da prescrição e decretá-la de imediato". Tempos depois, a Lei n. 11.280, de 17-2-2006, deu nova redação a essa norma, quer passou a ser a seguinte: "O juiz pronunciará, de ofício, a prescrição". Conforme se percebe a modificação foi profunda, pois atribui-se ao magistrado o dever de pronucniar, *ex officio*, a prescrição. O art. 332, § 1º, do CPC de 2015, seguiu essa orientação ao dispor que o juiz poderá rejeitar, liminarmente, o pedido "se verificar, desde logo, a ocorrência de decadência ou de prescição". O art. 487, inciso II, do mesmo Código, declara que haverá resolução do mérito quando o juiz "**decidir, de ofício** ou requerimento, **sobre a ocorrência** *de* decadência ou **prescrição**" (destacamos).

Conquanto reconheçamos que o tema seja polêmico, entendemos que o juiz do trabalho deve pronunciar, por sua inicitativa, a prescrição. Ela foi alteada pelo CPC à categoria de norma de ordem pública. Não há nenhum rigozijo nessa nossa afirmação. Em rigor, estamos convencidos de que a prescrição liberatória só deveria ser admitida nas relações laborais após a ruptura do contrato de trabalho, quando o trabalhador estará, efetivamente, livre para manifestar a sua vontade, ou seja, para exercer o seu direito constitucional de ação. Ocorre, entrementes, que a própria Constituição Federal, de maneira algo contraditória, inseriu no rol dos "direitos" sociais do trabalhador a prescrição (art. 7º, inciso XXIX).

F. Falta de realização do depósito (CLT, art. 836, *caput*. CPC, art. 968, II)

Uma breve introdução histórica se faz necessária à compreensão do que concluiremos sobre esse tema.

O CPC de 1973, para efeito de ajuizamento da ação rescisória, exigia o depósito correspondente a cinco por cento do valor da causa, a título de multa em benefício da parte contrária, caso por unanimidade de votos, o tribunal declarasse a ação inadmissível ou "improcedente" (art. 488, II).

Dessa exigência estavam dispensados a União, o Estado-membro, os Municípios e o Ministério Público (*ibidem*, parágrafo único).

Escrevemos em outro livro:

> Não tardou a jurisprudência trabalhista em entender, contudo, que esse depósito era inconciliável com o processo do trabalho; essa orientação foi sedimentada, logo depois, pela Súmula n. 194 do TST, assim enunciada: 'As ações rescisórias ajuizadas na Justiça do Trabalho serão admitidas, instruídas e julgadas conforme os arts. 485 *usque* 495 do Código de Processo Civil de 1973, **sendo, porém, desnecessário o depósito prévio a que aludem os arts. 488, inciso II e 494 do mesmo Código**" (realçamos). Essa Súmula foi adotada pela Resolução Administrativa 2/84, de 27 de setembro de 1984 (DJ de 4 de outubro do mesmo ano). A referência a esse elemento cronológico do fato é relevante para demonstrar que tal Súmula exerceu direto influxo em a nova redação do art. 836 da CLT, imposta pela Lei n. 7.351, de 27 de agosto de 1985 (DOU de 28 do citado mês): "É vedado aos órgãos da Justiça do Trabalho conhecer de questões já decididas, excetuados os casos expressamente previstos neste Título e a ação rescisória, que será admitida na forma do disposto no Capítulo IV do Título X da Lei n. 5.869, de 11 de janeiro de 1973 — Código de Processo Civil, **dispensado o depósito referido nos arts. 488, inciso II e 494 daquele diploma legal** [...]". Obra citada, pág. 319.

Com a admissibilidade do exercício da ação rescisória, no sistema do processo do trabalho, não tardou para que os tribunais – inclusive, o TST – passassem a receber, com frequência crescente, essas ações. Até então, prevalecia a regra inscrita no art. 836, da CLT, que dispensava o autor do depósito de cinco por certo, que era exigido pelo at. 488, III, do CPC de 1973. Essa dispensa pressupunha a incompatibilidade do sobredito depósito com o processo do trabalho. Mas, como dissemos em outros sítios, o velho mundo dá as suas voltas. Pois bem, decorridos alguns anos de exercício da ação rescisória, altera-se, mais uma vez, o *caput* do art. 836, da CLT, desta feita, para exigir que o autor deposite **vinte por cento** do valor da causa, com vistas ao exercício dessa ação desconstitutiva da coisa julgada material. Que princípio lógico é capaz de explicar a razão pela qual os cinco por cento, previstos no CPC, eram inconciliáveis com o processo do trabalho, mas vinte por cento são perfeitamente compatíveis? Não é a Lógica, e, sim, a conveniência que é capaz de explicar esse fenômeno legislativo surrealista...

Com o objetivo de regulamentar a forma de realização desse depósito, o TST editou a Instrução Normativa n. 31, de 27 de setembro de 2007 (Resolução 141/2007, do Pleno, publicada no DJ de 9 de outubro de 2007), cujo art. 2º dispõe, *verbis*:

> **O valor da causa da ação rescisória que visa desconstituir decisão da fase de conhecimento corresponderá:**
>
> **I – (...);**
>
> **II – no caso de procedência, total ou parcial, ao respectivo valor atribuído à condenação** (destacamos).

Colocando-se de lado a inadequação dos vocábulos "procedência" e "improcedência", que soem ser utilizados para expressar o resultado da prestação jurisdicional (afinal, um pedido é **acolhido** ou **rejeitado**, nos termos do art. 490, do CPC), devemos chamar a atenção ao fato de a Instrução Normativa n. 31 haver empregado, na redação do art. 2º, *caput,* a preposição da ao referir-se à fase processual em que a decisão rescindenda foi proferida ("*da fase de conhecimento*"). Se a decisão foi da fase **de conhecimento**, o depósito corresponderá, no caso de ter ocorrido acolhimento (no todo ou em parte) do pedido, ao valor arbitrado à condenação - **naquela fase**, repita-se. Sob esse aspecto, portanto, é irrelevante o fato de a ação rescisória vir a ser exercida no momento em que o processo se encontra em fase de execução.

O E. TRT da 17ª Região perfilha esse entendimento. Sirvam como corolário as ementas a seguir reproduzidas:

> AÇÃO RESCISÓRIA. VALOR DA CAUSA. DEPÓSITO PRÉVIO. INSTRUÇÃO NORMATIVA N. 31/2007, DO C. TST. O valor da causa da ação rescisória, que servirá de base de cálculo do depósito prévio, não se relaciona com a fase atual do processo, mas com a fase em que a decisão rescindenda foi prolatada. Assim, se a decisão rescindenda foi proferida na fase de conhecimento, apesar de o processo encontrar-se na fase de execução, o valor da causa da ação rescisória será aquele arbitrado pelo magistrado prolator daquela decisão, conforme disposto na Instrução Normativa 31/2007, do C. TST. AÇÃO RESCISÓRIA. SUCEDÂNEO RECURSAL. NÃO ADMISSIBILIDADE. Não seadmite a ação rescisória utilizada como sucedâneo de recurso, pois isso implicaria nítida banalização da garantia fundamental

da coisa julgada. (TRT 17ª R., AR 0000124-96.2014.5.17.0000, Rel. Desembargador Carlos Henrique Bezerra Leite, DEJT 24/09/2014).

AÇÃO RESCISÓRIA. DEPÓSITO PRÉVIO. VALOR INSUFICIENTE. DESERÇÃO. O art. 1º da Lei n. 11.495/2007 alterou o caput do art. 836 da CLT, passando a exigir, para a admissibilidade da ação rescisória ajuizada no âmbito da Justiça do Trabalho, o depósito prévio de 20% (vinte por cento) do valor da causa, salvo prova de miserabilidade jurídica do autor. Consoante o art. 2º, II, da Instrução Normativa nº 31/2007 do TST, o valor da causa da ação rescisória que visa desconstituir decisão da fase de conhecimento corresponde no caso de procedência, total ou parcial, ao respectivo valor arbitrado à condenação. Insuficiente o depósito prévio, extingue-se o processo sem resolução do mérito, nos termos do art. 267, inciso IV, do CPC. (TRT 17ª R., AR 0040300-88.2012.5.17.0000, Rel. Desembargador José Carlos Rizk, Rev. Desembargador Gerson Fernando da Sylveira Novais, DEJT 10/06/2013)".

Submetido o caso concreto à teleologia da Instrução Normativa n. 31/2007, e considerando-se que a decisão rescindenda está materializada no acórdão emitido pela 3ª Turma do E. TRT da 17ª Região, em sede de **recurso ordinário** – significa dizer, na fase **cognitiva** da ação –, a conclusão inarredável é de que os 20%, alusivos ao depósito prévio: a) devem ser calculados sobre R$ 1.000.000,00, valor arbitrado à condenação (docs. n. 7 e 8); b) o valor deve ser corrigido, monetariamente, até a data do protocolo da petição inicial desta ação desconstitutiva da *res iudicata* material, em atendimento ao estatuído no art. 4º da precitada Instrução Normativa.

Seja como for, o fato é que, excluídos os casos de comprovada "miserabilidade jurídica"(*sic*), a parte deverá depositar quantia correspondente a vinte por cento do valor (atualizado) da causa (processo de conhecimento) ou da execução. Ausente essa comprovação, cumprirá ao relator determinar, por despacho, que a parte supra a falta, no prazo de quinze dias (CPC, art. 321), sob pena de indeferimento da petição inicial (*ibidem*, parágrafo único). Mencionamos essa norma do CPC, por entendermos não serem aplicáveis ao processo do trabalho, no que se refere ao depósito exigido na ação rescisória, os §§ 2º e 4º, do art. 1.007, do mesmo Código.

Além das causas de indeferimento da petição inicial, até aqui examinadas, devem ser mencionadas: 1) a ausência de cópia da decisão rescindenda; e 2) de certidão do trânsito em julgado. Acerca dessa exigência, dispõe a Orientação Jurisprudencial n. 84, da SDI-II, do TST:

"Ação rescisória. Petição inicial. Ausência da decisão rescindenda e/ou da certidão do seu trânsito em julgado, devidamente autenticadas. Peças essenciais para a constituição válida e regular do feito. Arguição de ofício. Extinção do processo sem julgamento do mérito. A decisão rescindenda e/ou a certidão do seu trânsito em julgado, devidamente autenticadas, à exceção de cópias reprográficas apresentadas por pessoa jurídica de direito público, a teor do art. 24 da Lei n. 10.522/02, são peças essenciais para o julgamento da ação rescisória. Em fase recursal, verificada a ausência de qualquer delas, cumpre ao Relator do recurso ordinário arguir, de ofício, a extinção do processo, sem julgamento do mérito, por falta de pressuposto de constituição e desenvolvimento válido do feito".

Quanto à certidão do trânsito em julgado, é conveniente chamar a atenção ao conteúdo da Súmula n. 100, IV, do TST: "O juízo rescindente não está adstrito à certidão de trânsito em julgado juntada com a ação rescisória, podendo formar sua convicção através de outros elementos dos autos quanto à antecipação ou postergação do "*dies a quo*" do prazo decadencial. (ex-OJ n. 102 da SBDI-2 - DJ 29.04.2003)".

CAPÍTULO III

CITAÇÃO E RESPOSTA DO RÉU

1. Citação

O art. 238 do CPC define a citação como "o ato pelo qual são convocados o réu, o executado ou o interessado para integrar a relação processual".

A definição trazida por essa norma legal é imperfeita, porquanto a citação não se destina, necessariamente, a "convocar" o réu, o executado ou o terceiro a juízo para se defenderem. No processo civil moderno, a presença do réu não é indispensável ao regular desenvolvimento processual: basta argumentar-se com a revelia (CPC, art. 344). Não é diferente o que se passa no processo do trabalho (CLT, art. 844, *caput*, parte final). Nem se exige que o réu, o executado ou o terceiro, citados, se defendam. O que se busca fazer, por meio da citação, é, na verdade, *dar ciência* a essas pessoas da existência de uma ação, em que ele figuram como parte, ou em que são interessadas, evitando-se, com isso, a instauração de processos "secretos", como havia outrora (sobre os quais Kafka escreveu um livro notável), e que tantos males causaram ao direito e à liberdade dos indivíduos e, em sentido mais amplo, aos ideais democráticos. Cientificados, pois, pela citação, da existência de ação ajuizada, o réu, o executado ou o terceiro se defenderão se assim o desejarem.

Concentremos, a partir daqui, a nossa atenção na figura do réu, por ser a mais clássica, por assim dizer.

É inegável que, em regra, citado, ele comparece a juízo para formular a sua defesa (ou a sua resposta); esse elemento estatístico, porém, não poderia ser erigido pelo legislador como núcleo do conceito de citação, pois a prática demonstra que há também inúmeros casos em que o réu não responde à ação, embora citado. Daí, definirmos a citação como o ato pelo qual **se dá conhecimento** ao réu de que foi ajuizada uma ação, em que ele se encontra colocado no polo passivo da relação processual, para que, ciente da existência dela, aja da maneira como melhor lhe convier, desde que de acordo com o direito.

Naquilo que nos interessa, em particular, a citação do réu, na rescisória, visa a dar-lhe ciência de que alguém está em juízo pretendendo desconstituir um pronunciamento jurisdicional passado em julgado, que fora favorável a ele, réu. Em alguns casos, embora raros, as partes que figuraram como autora e como ré no processo do qual se originou a decisão rescindenda se tornam rés na ação rescisória, como quando esta é ajuizada pelo Ministério Público, com fundamento em colusão das referidas partes, com o objetivo de fraudar a lei (CPC, art. 966, III, *in fine).*

Na sistemática do processo civil, incumbe sempre ao autor promover a citação da parte contrária; não vemos razão relevante para que, mesmo em sede de ação rescisória, se abandone o procedimento característico do processo do trabalho, consistente em realizar-se o ato citatório: a) por iniciativa do próprio juízo (na espécie, do relator); e b) via postal (CLT, art. 841). Se o réu criar embaraços ao recebimento do instrumento de citação, ou não for encontrado, o ato será efetuado por edital, publicado no jornal oficial ou naquele que divulgar o expediente forense; na falta, será afixado na sede do tribunal (*ibidem*, § 1º).

Estando em termos a petição inicial, o relator determinará a citação do réu (CPC, art. 970); caso contrário, ordenará que o autor a emende ou complete (CPC, art. 321), desde que isso seja possível, sob pena de indeferimento (*ibidem*, parágrafo único). Vale lembrar que um dos motivos que podem conduzir ao indeferimento da inicial é a falta de documento comprobatório do trânsito em julgado da decisão rescindenda. Dispõe, a esse respeito, a Súmula n. 299, do TST: "I - É indispensável ao processamento da ação rescisória a prova do trânsito em julgado da decisão rescindenda. (ex-Súmula n. 299 – Res. 8/1989, DJ 14, 18 e 19.04.1989) II - Verificando o relator que a parte interessada não juntou à inicial o documento comprobatório, abrirá prazo de 15 (quinze) dias para que o faça (art. 321 do CPC de 2015), sob pena de indeferimento (ex-Súmula n. 299 - Res 8/1989, DJ 14, 18 e 19.04.1989)".

Ao mandar que o réu seja citado, deverá o relator assinar-lhe prazo nunca inferior a quinze dias nem superior a trinta para responder a ação (CPC, art. 970). Cuida-se, pois, de um dos raros prazo variáveis, previstos no CPC. A fixação do prazo para o oferecimento da resposta, dentro dos limites mínimo e máximo estabelecidos por lei, ficará reservada ao prudente arbítrio do relator, que no exercício dessa competência atenderá às circunstâncias de cada caso concreto. Entendemos que também aqui a Fazenda Pública deverá ter preservada a sua prerrogativa (e não "privilégio", como está na lei) de oferecer resposta no prazo em quádruplo, relativamente ao que for assinado pelo relator, pois as disposições do Dec.-Lei n. 779, de 21 de agosto de 1969, não devem ser interpretadas com vistas apenas ao primeiro grau de jurisdição (art. 1º, II). O processo civil contém norma semelhante, embora circunscrita ao Ministério Público (art. 180).

Lembremos que os prazos processuais serão sempre contados em dias úteis (CLT, art. 775).

Somos de opinião que se os litisconsortes possuírem procuradores diversos, de escritórios de advocacia distintos, o prazo para responderem à rescisória deverá ser contado em dobro, pois nenhuma razão especial existe para que se iniba a incidência do art. 229 do CPC. Sem razão, a nosso ver, a Orientação Jurisprudencial n. 310, da SBDI-I, do TST, ao declarar que o prazo em dobro é inaplicável ao processo do trabalho, "em razão da celerilidade que lhe é inerente". *Data venia,* que atentado poderia haver contra o princípio da celeridade, em aplicar ao processo do trabalho a regra do art. 229, do CPC, sendo notório o fato de que, não raro, os Tribunais do Trabalho – e o próprio TST – demoram **anos** para proceder ao julgamento de certas causas? Ademais, a existência da referida norma, no sistema do processo civil, está diretamente jungida à garantia constitucional da ampla defesa (art. 5º, inciso LV). Sendo assim, a manutenção de prazo simples, quando os litisconsortes possuírem advogados diversos, de escritórios distintos, fere a mencionada norma constitucional, por restringir o exercício do direito de **ampla** defesa.

Bem faria a SBDI-I, do TST, portanto, se revisse a sua OJ n. 310, para, colocando de lado o pretexto da celeridade processual, admitisse a aplicação do art. 229, do CPC, em homenagem à Constituição da República.

Como estamos a tratar de prazos, é aconselhável que nos detenhamos, por algum tempo, no exame dos princípios quinários que os informam:

a) Princípio da utilidade dos prazos

Significa que os prazos previstos em lei, ou fixados pelo juiz, devem ser úteis, ou seja, hábeis à satisfação dos objetivos processuais a que se prendem. Há, assim, uma íntima relação entre o prazo e a finalidade a que se destina — relação que, teoricamente, o legislador adotou como critério para a correspondente fixação.

Daí, a existência de prazos com maior ou menor duração (a própria resposta, na rescisória, como vimos, é oferecida em prazo que pode oscilar de quinze a trinta dias).

Um efeito prático se extrai dessa regra. É que se a parte, por motivos que não lhe possam ser juridicamente irrogados, não se pôde valer, no todo ou em parte, do prazo útil que fora estabelecido em seu benefício, a solução será restituir-lhe, por igual, o faltante. Esse é o preceito que emana do art. 221, do CPC, de aplicação supletiva no processo do trabalho.

O princípio da utilidade não é, todavia, absoluto, pois são computados na fluência do prazo os dias em que, ordinária ou extraordinariamente, não houve expediente no foro. Mencionemos, como exemplo do primeiro caso, os sábados, os domingos, os feriados e o denominado recesso do judiciário federal, no período de 20 de dezembro a 6 de janeiro, instituído pela Lei n. 5.010/1966; do segundo, o dia em que for determinado o fechamento do Fórum (Lei n. 1.408/1951) ou em que o expediente forense for encerrado antes ou iniciado depois do horário normal (CPC, art. 224, § 1º).

Os prazos não se iniciam nem se vencem em dias desúteis: tal é a regra ditada pelos arts. 775 e parágrafo único, da CLT. Dentre dessa linha de critério, estabelece a Súmula n. 262, do TST: "Intimada ou notificada a parte no sábado, o início do prazo se dá no primeiro dia útil imediato e a contagem, no subsequente. II – [...]".

Sendo contínuos e irreleváveis, os prazos somente podem ser prorrogados nos casos previstos em lei (CLT, art. 775, *caput*).

Sempre que uma das partes houver criado algum obstáculo, o prazo ficará suspenso para a outra. Isso ocorreria, *e.g.*, se um dos litigantes retirasse os autos da Secretaria, para interpor recurso da sentença ou do acórdão, sendo o prazo comum; nessa hipótese, o prazo seria restituído à parte inocente, por tempo igual ao que faltava para a sua complementação (CPC, art. 221).

O vencimento (em branco) dos prazos deverá ser sempre certificado nos autos, pelo funcionário responsável, embora essa certificação não obrigue o juiz a acatar o que nela se contém (CLT, art. 776).

b) Princípio da continuidade

Esse princípio é algo fronteiriço ao da utilidade, com o qual, em certos aspectos, se enastra.

Por ele se afirma que os prazos são contínuos, cuja suspensão, como fato excepcional, se encontra rigidamente disciplinada em lei. O princípio da continuidade se identifica, portanto, com a regra de que os prazos, uma vez iniciados, devem ter livre curso até o seu final.

Suspensão e interrupção, contudo, não se confundem: enquanto na primeira o prazo que havia fluído é aproveitado, na segunda esse aproveitamento não se verifica. Por outros termos: lá, a contagem do prazo prossegue a partir do momento em que ocorreu a suspensão; aqui, tudo se apaga, iniciando-se nova contagem. Na vigência do CPC de 1939, por exemplo, os embargos declaratórios provocavam a **suspensão** dos prazos para recurso; no sistema do atual CPC, os prazos ***são interrompidos*** (art. 1.026, *caput*).

c) Princípio da inalterabilidade

Repetindo o que havíamos dito na oportunidade do exame do princípio da utilidade, a duração do prazo guarda estreita conexão com o tempo de que necessita para ser praticado. Sob esse aspecto, tanto a redução quanto a ampliação dos prazos ferem esse equilíbrio, essa ordem harmoniosa que há entre o lapso temporal (prazo) e a finalidade que se busca (prática de determinado ato processual). Pode-se mesmo afirmar que o princípio da inalterabilidade é consequência direta do da utilidade, ao qual, aliás, Moacyr Amaral Santos reconhece base científica[15].

A proibição de alterar os prazos processuais, como sabemos, é dirigida ao juiz e às partes. A estas se torna defeso reduzir ou dilatar os prazos peremptórios, ainda que mediante convergência de vontades. Ao juiz é vedado reduzir prazos peremptórios sem o consentimento das partes (CPC, art. 222, § 1º).

d) Princípio da peremptoriedade

Dizem-se peremptórios daqueles prazos que são fixados sem qualquer possibilidade de serem alterados; em virtude disso, terminam, inexoravelmente, no dia do vencimento (*dies ad quem*). São, por isso, fatais.

O prazo para o exercício da ação rescisória, *v.g.*, além de decadencial, é peremptório.

Registre-se que o decurso *in albis* dos prazos judiciais provoca a extinção automática — quer dizer, independentemente de declaração judicial (CPC, art. 223, *caput*) — do direito de realizar o ato pertinente, conquanto se permita à parte provar que deixou de fazê-lo em razão de força maior (CLT, art. 775, *caput*) — a que o processo civil denomina de justa causa (CPC, art. 233, *caput*). Provando, a parte, o motivo de força maior, o juiz ou o Tribunal "permitirá a prática do ato no prazo que lhe assinar" *(ibidem*, § 2º), atendendo, com vistas a isso, o princípio da utilidade de que falamos há pouco. Uma ressalva, todavia, é necessária: em princípio, o prazo não poderá ser prorrogado por tempo superior ao originalmente assinado pelo juiz ou fixado por lei. Exemplifiquemos: se a parte dispunha do prazo de cinco dias para se manifestar sobre documentos juntados pelo adversário, mas não o fez em decorrência de comprovada força maior, esse prazo poderá ser prorrogado em até cinco dias, conforme seja o caso. O que não se admite é que a prorrogação seja, digamos, por mais dez ou vinte dias.

e) Princípio da preclusão

A preclusão, *lato sensu*, se configura pela perda de uma faculdade ou de um direito ou faculdade processual, que por não haver sido exercitado no momento ou no tempo oportuno fica extinto.

É certo que esse conceito mais se aproxima da preclusão temporal, que, todavia, não é a única modalidade. Há também a lógica, que diz da incompatibilidade entre o ato que se pretende praticar e o anteriormente realizado, e a

---

(15) Ob. cit., p. 253.

consumativa, que indica a impossibilidade de colocar-se em prática o ato, em decorrência de já haver sido realizado.

A preclusão, porém, não se confunde com a sanção. Esta corporifica a consequência prevista em lei para o descumprimento de alguma norma processual, pressupondo, assim, o inadimplemento voluntário de uma obrigação. Na preclusão, ao contrário, inexiste qualquer vínculo obrigacional que tenha sido desrespeitado pela parte. Quem deixa transcorrer em branco um prazo não está, nem de longe, deixando de atender ao cumprimento de uma obrigação, mas apenas renunciando, espontaneamente ou não, a uma faculdade processual. E o efeito preclusivo dessa omissão não pode ser comparado (nem corresponde) a uma sanção.

Acentua, com propriedade, Arruda Alvim que a preclusão não concerne à existência de um direito, e sim às faculdades processuais do indivíduo[16].

Nenhuma exposição sobre prazos processuais seria satisfatória se prescindisse de uma análise dos critérios estabelecidos para a contagem destes. Isto nos coloca diante daquela que foi a primeira Súmula, de quantas o Tribunal Superior do Trabalho já adotou até os dias da atualidade; está em seu enunciado que "Quando a intimação tiver lugar na sexta-feira, ou a publicação com efeito de intimação for feita nesse dia, o prazo judicial será contado da segunda-feira imediata, inclusive, salvo se não houver expediente, caso em que fluirá do dia útil que se seguir".

A Súmula citada, como se vê, nada mais fez do que explicitar a regra geral de que os prazos não se iniciam (nem se vencem) em dias desúteis (CLT, art. 765). Para que o curso do prazo seja iniciado é essencial que as partes sejam intimadas do ato (CPC, art. 269). Não se confunda, contudo, o dia em que a intimação foi feita (*dies a quo*) com o dia em que tem início a contagem do prazo: apenas aquele é excluído, pois *dies a quo non computatur*.

Se a intimação ocorrer em sexta-feira, o prazo somente passará a fluir da segunda-feira subsequente, exceto se, por algum motivo, não houver expediente no foro, hipótese em que a contagem será iniciada na terça-feira e ainda assim se esse dia for útil. Se a intimação foi realizada no sábado, o *dies a quo* será o primeiro útil, embora a contagem somente se inicie no dia subsequente a este (TST, Súmula n. 262, I).

No caso de o jornal oficial contendo "a publicação com efeito de intimação" (como está na Súmula n. 1 do TST) apenas circular na parte da tarde, firmara-se a jurisprudência em acrescentar um dia à contagem, cujo procedimento Coqueijo

---

(16) *Manual de Direito Processual Civil*. São Paulo: RT, 1979. vol. I, p. 283.

Costa entendeu estar cônsono com a Lei n. 1.408/1951[17]. O Supremo Tribunal Federal, entretanto, já na vigência do atual CPC, considerou revogada a referida norma legal, firmando, em razão disso, posição no sentido de que o prazo "começa a fluir do dia imediato ao da intimação, mesmo quando esta se deu mediante publicação no órgão oficial que tenha circulado apenas na parte da tarde, ressalvados apenas os casos especiais previstos no mesmo Código" (RE n. 83.874, Rel. Min. Cunha Peixoto, in DJU de 9.4.76, p. 2.387).

Quando a intimação for feita pela publicação do ato no jornal oficial, é necessário que dela constem, sob pena de nulidade, os nomes das partes e de seus advogados, com o respectivo número de inscrição na OAB, ou, se assim requerido, da sociedade de advogados, de maneira a permitir que sejam identificados (= não confundidos com eventuais homônimos); a exigência vem do art. 272, § 2º, do Estatuto Processual Civil. Não se quer com isso expressar que os nomes dos litigantes e de seus procuradores devam vir grafados por extenso, no jornal oficial, mas, como é do objetivo da lei, apenas de modo a propiciar que possam ser perfeitamente identificados.

Havendo erro ou omissão na publicação, uma nova deverá ser efetuada, fluindo, a contar da última, o prazo. Na hipótese de o tribunal entender que a republicação era desnecessária, o prazo será contado da primeira publicação, cuja virtual consequência será declarar ter sido o ato da parte praticado a destempo.

No início deste capítulo deixamos exarado o nosso conceito de citação; é conveniente que formulemos agora algumas considerações conclusivas a respeito desse importante ato processual.

A citação do réu é indispensável para a validade do processo (CPC, art. 239, *caput*), seja de conhecimento, de execução ou cautelar, embora o comparecimento voluntário deste a juízo supra a falta da citação (*ibidem*, § 1º). Se o réu vier a juízo apenas para arguir a nulidade do processo, e vindo esta a ser decretada, reputar-se-á feita a citação na data em que ele ou seu advogado for intimado da decisão, desde que detenha poderes expressos para receber citação.

O réu (assim como o executado e o interessado) será citado no lugar em que se encontrar (CPC, art. 243, *caput*); a citação do militar em serviço, porém, será feita na unidade em que estiver servindo, se for desconhecida a sua residência ou nela não for encontrado (ibidem, parágrafo único).

Salvo para evitar o perecimento do direito (ou seja, a decadência do prazo para o ajuizamento da rescisória), não se fará a citação: a) de quem estiver participando de ato de culto religioso; b) de cônjuge, de companheiro ou de qualquer parente do morto, consanguíneo ou afim, em linha reta, ou na colateral

(17) Ob. cit., p. 194.

em segundo grau, no dia do falecimento e nos sete dias seguintes; c) aos noivos, nos três primeiros dias seguintes ao casamentos; d) aos doentes, enquanto grave o seu estado (CPC, art. 244, I a IV).

Não se efetuará, igualmente, a citação quando ficar constatado que o réu é mentalmente incapaz ou está impossibilitado de recebê-la (CPC, art. 245, *caput*). Nesse caso, incumbirá ao oficial de justiça lavrar certidão, descrevendo, com minúcias, a ocorrência, após o que o juiz nomeará um médico, a fim de examinar o citando, cujo laudo deverá ser apresentado em cinco dias (*ibidem*, §§ 1º e 2º). Será dispensada essa nomeação se pessoa da família apresentar declaração do médico do citando que ateste a incapacidade deste (*ibidem*, § 3º). Reconhecida a impossibilidade, o juiz dará ao citando um curador, respeitando, quanto à sua escolha, a preferência estabelecida na lei civil; essa nomeação estará restrita à causa (*ibidem*, § 4º). Adotadas essas providências, a citação será realizada na pessoa do curador, a quem caberá promover a defesa do réu (*ibidem*, § 5º)

O processo do trabalho não prevê a citação com hora certa, admitida no processual civil (arts. 252/254); *de lege ferenda*, entretanto, essa modalidade citatória deveria ser admitida nesse processo especializado, nos casos em que a citação devesse ser feita por oficial de justiça.

Permite o CPC que nas comarcas contíguas, "de fácil comunicação", e nas que se situem na mesma região metropolitana, o oficial de justiça proceda à citação, à intimação, à notificação, à penhora e quaisquer outros atos executivos em qualquer delas (art. 255). Melhor teria sido que o legislador falasse em comarcas de **fácil acesso**, porquanto com o desenvolvimento dos meios tecnológicos podem ser consideradas de "fácil comunicação" comarcas que se distanciem milhares de quilômetros, uma da outra. Seja como for, o art. 255 constitui (justificada) exceção ao princípio inscrito no art. 236, § 1º, do mesmo Código, conforme o qual os atos processuais serão requisitados por carta (precatória ou rogatória) sempre que tiverem de ser praticados fora dos limites territoriais da comarca (juízo deprecante ou rogante), "ressalvadas as hipóteses previstas em lei".

O processo do trabalho, com sua característica vocação vanguardeira, há muito tempo vem aceitando citações efetuadas via postal, mesmo que o réu resida ou se encontre estabelecido em comarca situada muito distante da sede da Vara em que foi ajuizada a ação. Na verdade, o processo do trabalho levou às últimas consequências o princípio da instrumentalidade, contido nos arts. 154 e 244 do CPC de 1973, que dizia da validade do ato que, embora praticado de maneira diversa da prevista em lei, atingisse a mesma finalidade, desde que inexistisse, quanto a isso, cominação legal de nulidade. Assim afirmamos, porque o art. 247 daquele álbum processual civil considerava (= cominava) nula a citação (bem como a intimação) quando realizada sem observância das prescrições legais. Essa atitude dos juízes trabalhistas foi plenamente justificável, pois a experiência vinha demonstrando que isso contribuía para a simplicidade do procedimento e para a sua própria celeridade, uma vez que se dispensava o instrumento formal da carta precatória, para fazer com que a citação se efetuasse por ato do próprio juízo por onde se processava a ação.

Somente se o réu fizesse prova de que a citação pelo correio lhe trouxe manifestos prejuízos de ordem processual é que se decretaria a nulidade do ato (CLT, art. 794); fora disso, a praxe que estamos a noticiar sempre foi proveitosa, sendo, em razão disso, mantida e até mesmo estimulada, no sistema do processo do trabalho. Mais do que isso, essa praxe do processo do trabalho acabou por influenciar o CPC de 1973, que passou a admitir a citação pelo correio "para qualquer parte do País" (art. 222), embora tenha previsto algumas exceções. O CPC de 2015 se manteve na mesma linha (art. 247).

O CPC de 2015 trata do princípio da instrumentalidade nos arts. 188 e 277.

Declara o art. 841, § 1º, da CLT, que a citação será feita por edital se o réu criar embaraços ao seu recebimento, ou não for encontrado; esta última hipótese compreende, de certa forma, as situações aludidas pelos incisos I e II do art. 256 do CPC (ser o réu desconhecido ou incerto, ou ignorado, incerto ou inacessível o lugar em que se encontrar).

Julgamos compatível com o processo do trabalho a multa pecuniária a ser aplicada à parte que requerer a citação por edital, alegando dolosamente ser o réu desconhecido ou incerto, ou ignorado, incerto ou inacessível o lugar onde se encontre (CPC, art. 258); o conteúdo acentuadamente ético do processo se sobrepõe, no particular, ao princípio da gratuidade do procedimento trabalhista, cuja invocação tem sido utilizada para repelir a incidência de multas pecuniárias aos litigantes. Colocamos em dúvida, todavia, a constitucionalidade da fixação da multa com base em **salários mínimos**; a nosso ver, esse critério desrespeita o disposto no art. 7º, inciso IV, da Constituição Federal.

Admitida, por esses motivos, a atuação supletória do art. 258 do CPC, a multa pecuniária, paga pelo autor que tenha agido com dolo, reverterá em prol do citando (*ibidem*, parágrafo único), sem que se possa ver nessa imposição qualquer ofensa ao processo do trabalho, ainda que se tenha de aceitar a opinião de que ele deve refletir, em relação ao empregado, o mesmo espírito tuitivo, que anima o direito material a que corresponde. Não se pode proteger a quem transgride postulados éticos de conduta ou mesmo normas legais.

Já é tempo de o processo do trabalho reconhecer que em seus domínios também há litigantes de má-fé, sejam estes empregados ou empregadores (CPC, art. 80). Que o diga, eloquentemente, a realidade cotidiana do foro.

2. Resposta do réu

O CPC de 1973 previa três modalidades de resposta do réu: a) exceção (de incompetência relativa, de suspeição e de impedimento); b) contestação; e c) reconvenção (art. 297). Na verdade, havia um *minus dixit quam voluit* nessa norma legal, pois poderia ocorrer de o réu vir a juízo não para excepcionar, para contestar ou para reconvir, mas para reconhecer o direito alegado pelo autor – a que o CPC denominava de reconhecimento da "procedêrncia do pedido" (art. 269, II).

O CPC de 2015 eliminou a exceção como modalidade de resposta do réu. No sistema desse Código permaneceram, portanto, somente a contestação e a reconvenção, sendo interessante observar que na fase de tramitação do correspondente Projeto chegou-se a eliminar a reconvenção, substituindo-a pelo **pedido contraposto**. No final, contudo, a reconvenção foi mantida.

Para já, é importante ressaltar o fato de que, embora a exceção tenha sido banida do CPC de 2015, ela permanece no processo do trabalho, como evidencia o art. 799, da CLT, a despeito de sua impropriedade redacional.

Assim sendo, continuam a existir, no processo do trabalho, três modalidades clássicas de resposta do réu, a saber: exceção, contestação e reconvenção. Esta última é tomada por empréstimo ao CPC (art. 343). Há, ainda, uma quarta espécie, que está no art. 487, inciso III, letra "a", do CPC: o "reconhecimento da procedência do pedido formulado na ação ou na reconvenção". Conforme dissemos há pouco, o que o réu faz, em situação como essa, não é reconhecer a "procedência" do pedido (afinal, tudo **procede** de algum lugar), e sim, reconhecer o **direito** alegado pelo autor. Dá-se aqui, portanto, de parte do réu, uma expressa renúncia à resistência – ou ao direito de resistir às pretensões do adversário.

A CLT usa o vocábulo **defesa** como significante de **contestação**.

Antes de passarmos ao estudo individualizado das espécies de resposta que podem ser oferecidas pelo réu, devemos lembrar que há, no processo judicial, duas relações jurídicas distintas, que coexistem: uma, de natureza eminentemente processual, que tem como sujeitos o juiz, o autor e o réu; outra, representada pelo mérito da causa e constituída pela causa petendi e pelo correspondente pedido. A primeira relação, também denominada de continente, se estabelece em virtude do exercício, pelo autor, do seu direito público de ação, e se angulariza com a citação do réu, para que este tome ciência da ação ajuizada e, em consequência, promova a sua defesa, se assim o desejar; a segunda, dita continente, é a relação em torno da qual se desenvolve toda a atividade processual, sendo consubstanciada pelo conflito de interesses, caracterizado, por sua vez, por uma pretensão (do autor) resistida e insatisfeita (pelo réu).

A existência dessa duplicidade de relações é importante para demonstrar que a defesa do réu pode ter como objeto a relação processual (ou o rito), ou a relação de direito material (mérito).

Quando a defesa é assentada contra a relação processual, dizemos que ela é indireta, porquanto não ataca as questões de fundo; quando, ao contrário, é dirigida ao *meritum causae*, ou seja, aos fundamentos de fato da demanda, a defesa é direta.

Com efeito, se o réu, ao apresentar a sua resposta, manifesta contrariedade apenas quanto ao processo em si, com a finalidade de impedir que o autor obtenha a prestação jurisdicional invocada, o que ele faz é defender-se de maneira indireta, na medida em que não está impugnando o mérito da causa; se assim o fizesse, a sua defesa seria direta. O que pretende o réu, ao defender-se indiretamente, nada mais é do que impedir a formação ou o desenvolvimento regular da relação jurídica processual, ou, ainda, extingui-la, caso já instaurada.

A defesa indireta pode ser realizada mediante exceção ou sob a forma de preliminar, na contestação, conforme veremos um pouco mais adiante.

Indireta será também a defesa do réu toda vez que ele alegar a ausência de quaisquer das condições da ação, que o atual CPC, absorvendo a doutrina liebmaniana, considera como sendo a legitimidade *ad causam* e o interesse processual (art. 17).

Já a defesa direta, como dissemos, se arremete contra a relação jurídica material (substancial), constitutiva do mérito da causa, representada por um bem ou uma utilidade da vida, juridicamente tutelados. Nesse caso, o réu se opõe às pretensões deduzidas pelo autor, recusando os fundamentos de fato ou de direito em que elas se apóiam, ao atribuir aos fatos integrativos da causa de pedir uma repercussão diversa da imaginada pelo autor, ou, ainda, não reconhecendo a tais fatos nenhuma aptidão para provocar efeitos jurídicos.

Em outras situações, poderá o réu aceitar como verdadeiros os fatos narrados pelo autor e reconhecer as consequências jurídicas por ele colimadas, mas obstar-lhes a eficácia, seja em virtude da falta de algum requisito exigido para a constituição e a validade da relação jurídica (ou pelo vício que acaso esteja a contaminar essa relação), seja pela superveniência de outros fatos capazes de impedir ou mesmo de extinguir os efeitos dessa relação jurídica.

"Nessas circunstâncias, o réu deixa íntegros os fatos do autor, mas opõe fatos novos, com eficácia extintiva ou impeditiva da pretensão do demandante. Esta defesa é também defesa indireta, mas defesa indireta de mérito. Indireta, porque não se dirige aos fatos e fundamentos jurídicos aduzidos pelo autor, mas se apóia em outros fatos com eficácia extintiva ou impeditiva de sua pretensão; e de mérito, porque, diversamente da outra defesa indireta, ela não se dirige contra a relação processual, sim contra a relação de direito material em que se apóia o pedido do autor, portanto contra o objeto do processo"[18].

Por outro lado, será possível ao réu formular em face do autor uma pretensão de direito material, desde que conexa com a ação principal ou com o fundamento da defesa: é a reconvenção, verdadeira ação exercitada pelo réu, no mesmo processo e sujeita ao mesmo procedimento, que embora não prevista no processo do trabalho nele vem sendo admitida por força da incidência supletória do art. 343 do CPC. A resposta reconvencional é admitida mesmo na ação rescisória – desde que fundada em um dos incisos do art. 966, do CPC.

Por fim, poderá o réu comparecer a juízo unicamente para dizer que reconhece o pedido feito pelo autor, vale dizer, comparece não para resistir ou defender-se (exceção, contestação) ou exigir algo (reconvenção), mas sim para aceitar, para concordar com o que pede o adversário.

Em síntese, citado, o réu pode vir a juízo para apresentar: a) exceção (de incoompetência relativa, de suspeição ou de impedimento); b) defesa processual indireta (ataca o rito, a relação processual); c) defesa indireta de mérito (prescrição, decadência); d) defesa direta de mérito (nega os fundamentos de fato ou de direito da pretensão deduzida pelo autor); e) reconvenção (exige do autor a satisfação de um bem ou de uma utilidade da vida); f) concordância com o pedido formulado pelo adversário (reconhecimento da "procedência").

Embora todas essas atitudes do réu constituam modalidades de resposta, a última não pode ser considerada como defensiva.

Vamos, agora, à apreciação individual dessas respostas, dando ênfase à sua formulação no plano da ação rescisória.

3. Exceção

Em um sentido extremamente amplo, o vocábulo **exceção** significa toda defesa que o réu apresenta em juízo, seja ela de natureza processual ou substancial; sob esse aspecto, portanto, as expressões direito de defesa e direito de exceção fundem-se pela sinonímia. Também pode ser considerado — agora em uma acepção menos larga — como exceção a defesa indireta de mérito, a compreender, por exemplo, o pagamento, a novação, a prescrição, a compensação.

Interessa-nos, todavia, o estudo do termo **exceção** segundo seu senso estrito, ou seja, significante da defesa indireta processual, que se dirige não contra os fundamentos de fato e de direito invocados pelo autor, mas contra a relação

---

(18) PASSOS, Calmon de, ob. cit., p. 330.

processual. Dita modalidade de defesa é, por isso mesmo, chamada de exceção instrumental, porquanto dá origem a autos processuais distintos do principal, embora sejam a estes apensados.

A exceção pode ter como objeto: a) a incompetência (relativa) do juízo; b) o impedimento; ou c) a suspeição de juiz. A CLT trata da matéria no art. 801, onde, em falha inescusável, inclui o parentesco por consanguinidade ou por afinidade como causa de suspeição, quando o que há, nesses casos, é nítido impedimento.

a) Incompetência

A incompetência do juízo pode ser absoluta ou relativa. A primeira se refere: 1) à matéria; 2) à pessoa; 3) à hierarquia (ou função), devendo ser declarada *ex officio*, conquanto possa ser alegada a qualquer tempo e grau de jurisdição, independentemente de exceção (CPC, art. 64, § 1º); a segunda diz respeito ao território e, como não pode ser decretada de ofício, incumbe à parte argui-la por meio de exceção (CLT, arts. 799 e 800). Na hipótese de a exceção declinatória de foro não ser formulada, a competência se desloca para o juízo que, a princípio, era incompetente (CPC, art. 65).

Se, *ab absurdum*, o autor ingressar com a ação rescisória em primeiro grau de jurisdição, caberá ao juiz, por sua iniciativa, pronunciar a incompetência *ratione materiae*, do órgão e ordenar, em consequência, a remessa dos autos ao tribunal (CPC, art. 64, § 3º).

De modo geral, a competência para o julgamento da ação rescisória, na Justiça do Trabalho, não oferece dificuldades de monta, pois a regra é de que a possui o tribunal (regional) sob cuja jurisdição se encontra o juízo de primeiro grau proferidor da sentença rescindenda, seja este Vara do Trabalho ou Vara da Justiça Comum estadual (CLT, arts. 668 e 669). Se o que se deseja desconstituir é acórdão emitido por tribunal regional, será competente para apreciar a ação o Pleno ou o Grupo de Turmas do próprio Tribunal, de acordo com o que dispuser o Regimento Interno da Corte. No Tribunal Superior do Trabalho compete: a) à Seção Especializada em Dissídios Coletivos (SDC) julgar as ações rescisórias propostas contra suas sentenças normativas b) à Seção Especializada em Dissídios Individuais (SDI), as rescisórias que tenham como objeto os acórdãos proferidos por essa Seção, pela Subseção I ou pelas Turmas do Tribunal.

No prazo fixado para o oferecimento de resposta (CPC, art. 970), o réu poderá arguir, mediante exceção, a incompetência relativa do tribunal (CLT, art. 799), em petição fundamentada e devidamente instruída, indicando o juízo para o qual declina.

Essa petição será processada em apartado, mas apensa aos autos do processo principal.

Conclusos os autos ao relator sorteado, este: a) poderá indeferir liminarmente a petição, quando a exceção for, às escâncaras, improcedente, ou tiver sido oferecida fora do prazo legal; ou b) receberá a exceção, determinando a pronta suspensão do processo principal, suspensão que perdurará até que aquela seja julgada em definitivo (CLT, art. 799).

A seguir, abrirá prazo de vinte e quatro horas para que o excepto se manifeste (CLT, art. 800); com ou sem resposta deste, providenciará para que os autos sejam incluídos em pauta de julgamento, na primeira sessão que se seguir (*ibidem*). Havendo, porém, necessidade de produção de prova testemunhal, o relator delegará competência ao juízo de primeiro grau, para essa finalidade, estabelecendo prazo de um a três meses para a devolução dos autos, com as diligências cumpridas (CPC, art. 972); ato contínuo, colocará os autos em pauta, para julgamento.

Acolhida a exceção, os autos desta, juntamente com os do processo principal (ação rescisória), serão remetidos ao juízo competente, quer dizer, para o qual o excipiente havia declinado.

b) Impedimento

O Estatuto Processual Civil de 1939 não estabelecia nenhuma distinção de ordem sistemática entre as causas de impedimento e de suspeição. Todas elas vinham enfeixadas sob o título de suspeição e se encontravam arroladas no art. 185.

Pedro Baptista Martins chegou a afirmar ser inteiramente destituída de interesse pragmático qualquer separação nesse sentido (*Comentários ao Código de Processo Civil*. V. III, tomo I, p. 54).

A CLT, editada na vigência do CPC, se deixou influenciar por este, de tal modo que também não distinguiu os casos de suspeição dos de impedimento (art. 801). Tudo aqui foi tratado (e encambulhado) como suspeição, embora o parentesco (letra "c") diga respeito ao impedimento.

Conforme demonstraremos adiante, o impedimento, no processo do trabalho, não deriva, apenas, do parentesco do juiz, senão que também de todas aquelas causas mencionadas nos incisos do art. 144 do CPC.

O atual CPC (a exemplo do CPC de 1973), mais didático, trata, de maneira separada, os casos de impedimento e de suspeição (arts. 144 e 145, nessa ordem). Essa disjunção não derivou de mero capricho do legislador, justificando-se, acima de tudo, por motivos científicos e práticos. Científicos, porque as causas de impedimento do magistrado são muito mais graves do que as de suspeição, vale dizer, apresentam-se muito mais comprometedoras de sua atuação e do dever legal de neutralidade inerente ao exercício das funções; práticos, porque o silêncio da parte, diante do impedimento, é irrelevante, pois o fato de ela nada alegar acerca do assunto não faz com que se torne sem efeito a proibição legal de o juiz impedido funcionar no processo; na suspeição, ao contrário, a falta de manifestação da parte, no momento oportuno, é interpretada pelo sistema como aceitação tácita da presença do magistrado no comando processual.

A doutrina de nosso País tem sustentado, de maneira uniforme, que a razão de as normas legais haverem instituído o veto à atuação judicial, nas situações de impedimento (e, também, de suspeição), decorreu da preocupação de assegurar-se a imparcialidade do magistrado na condução do processo. Nós mesmos, em linhas transatas, escrevemos que a neutralidade do juiz constitui um dos pressupostos necessários ao regular desenvolvimento da relação jurídica processual. Isso não quer dizer que estejamos plenamente de acordo com aqueles que veem no impedimento uma política legislativa devotada, **exclusivamente**, à necessidade de evitar a participação no processo de um juiz parcial, tendencioso. Expliquemo-nos: não há que negar que o juiz, como órgão estatal incumbido de solucionar os conflitos de interesses, deve ser imparcial e que o fato, por exemplo, de ele ser parente ou cônjuge de um dos litigantes, ou, mesmo, parte, coloca em risco esse princípio fundamental da neutralidade. Todavia, se admitirmos a hipótese em que um juiz impedido tenha conduzido o processo, desde o início, e decidido contra a parte a quem, em princípio, se imaginava que estaria propenso a favorecer (por ser seu cônjuge ou parente), parece-nos que ficará um pouco abalado o argumento segundo o qual o veto legal, sob a forma de impedimento, se vincula, de maneira exclusiva, ao receio de imparcialidade do magistrado. Pensamos, assim, que há, nesse veto, também um conteúdo de natureza ética (pois não podemos nos esquecer que o processo é o método formal de que se utiliza o Estado para solucionar as lides), de tal sorte que mesmo vindo o juiz a decidir contra os interesses de um seu parente ou de seu cônjuge, qualquer destes poderá tentar obter um decreto jurisdicional de nulidade do processo ou de desconstituição dos efeitos da coisa julgada material, conforme seja o caso.

Em resumo, a proibição legal de o magistrado atuar em determinadas causas provém não somente da preocupação de assegurar-se aos litigantes a imparcialidade judicial, mas, também, de razões de ordem ética — capazes, por si sós, em algumas situações, de conduzir à nulidade do processo ou à desconstituição da *res iudicata*, quando o magistrado não observar essa imposição legal de abstenção, no que tange ao exercício das suas funções.

Por traduzir, o impedimento, um veto legal *absoluto* à atuação do juiz, estamos convencidos de que essa proibição alcança todos os atos processuais, motivo por que eventual desrespeito do magistrado a essa proibição acarretará a nulidade total do processo, tirante a petição inicial. De nada adiantaria, para a parte interessada, ver anulados somente os atos decisórios, ou desconstituídos os efeitos da coisa julgada material, se o pronunciamento de mérito se baseou em atos processuais antecedentes, que foram praticados sob a direção do juiz impedido. Tais atos estão, fora de qualquer dúvida razoável, contaminados pelo desacato judicial à proibição que emana do art. 144, do CPC.

Não se pense, entretanto, que os atos praticados por juiz impedido integram a classe (algo inexplorada pela doutrina) dos inexistentes. Nada disso. Inexistentes seriam esses atos se quem os realizasse não fosse juiz. Sendo magistrado, referidos atos existem, ainda que comprometidos por vícios insanáveis. Se fossem inexistentes, é óbvio que não poderiam ser objeto de ação anulatória ou rescisória, mas, sim, de ação declaratória (de inexistência), embora esta nem sempre seja necessária.

Dissemos, há pouco, que o impedimento corresponde a um veto legal absoluto à atuação do juiz. Essa afirmação é inteiramente verdadeira, não apenas em face da dicção inequívoca da norma legal (art. 144, *caput*), mas também se levarmos em conta o fato de que, na suspeição, o dever judicial de abstenção é relativo, haja vista que se a parte deixar de arguir a suspeição no momento oportuno esse seu silêncio permitirá a participação do juiz no processo, ainda que seja amigo íntimo ou inimigo capital de uma das partes; credor ou devedor de qualquer delas; tenha interesse no objeto da lide etc.

As próprias causas de impedimento, legalmente previstas, justificam a razão por que o veto legal, neste caso, é inflexível. Essas causas, aliás, podem ser objetivamente constatadas, pois a prova, em regra, é documental (sem prejuízo de outros meios, por lei admitidos), ao passo que as causas de suspeição envolvem, muitas vezes, aspectos fortemente subjetivos, como se dá com a amizade íntima, com a inimizade capital, com o interesse no objeto do litígio e o mais.

O juiz, como representante, por excelência, do Estado, tem o dever de ser neutro, imparcial, seja na condução do processo — oportunidade em que deve ministrar um tratamento equânime às partes, seja no momento da entrega da prestação jurisdicional. Eventual quebra desse dever de imparcialidade poderá conduzir à decretação de nulidade do processo.

Dispõe o CPC:

> Art. 144. Há impedimento do juiz, sendo-lhe vedado exercer suas funções no processo:
>
> I — em que interveio como mandatário da parte, oficiou como perito, funcionou como membro do Ministério Público ou prestou depoimento como testemunha;
>
> II — de que conheceu em outro grau de jurisdição, tendo proferido decisão;
>
> III — quando nele estiver postulando, como defensor público, advogado ou membro do Ministério Público, seu cônjuge ou companheiro, ou qualquer parente, consanguíneo ou afim, em linha reta ou colateral, até o terceiro grau, inclusive;
>
> IV — quando for parte no processo ele próprio, seu cônjuge ou companheiro, ou parente, consanguíneo ou afim, em linha reta ou colateral, até o terceiro grau, inclusive;

V — quando for sócio ou membro de direção ou de administração de pessoa jurídica parte no processo;

VI — quando for herdeiro presuntivo, donatário ou empregador de qualquer das partes;

VII — em que figure como parte instituição de ensino com a qual tenha relação de emprego ou decorrente de contrato de prestação de serviços;

VIII — em que figure como parte cliente do escritório de advocacia de seu cônjuge, companheiro ou parente, consanguíneo ou afim, em linha reta ou colateral, até o terceiro grau, inclusive, mesmo que patrocinado por advogado de outro escritório;

IX — quando promover ação contra a parte ou seu advogado.

§ 1º Na hipótese do inciso III, o impedimento só se verifica quando o defensor público, o advogado ou o membro do Ministério Público já integrava o processo antes do início da atividade judicante do juiz".

§ 2º É vedada a criação de fato superveniente a fim de caracterizar impedimento do juiz.

§ 3º O impedimento previsto no inciso III também se verifica no caso de mandato conferido a membro de escritório de advocacia que tenha em seus quadros advogado que individualmente ostente a condição nele prevista, mesmo que não intervenha diretamente no processo.

Examinemos essas causas de impedimento.

Inciso I. Constituía o inciso II, do art. 134, do CPC revogado.

Mandatário, perito, membro do Ministério Público, testemunha (CPC, art. 144, I). Em um único inciso, a lei enfeixa diversas causas de impedimento à atuação do juiz. Passemos a examiná-las:

a) **Mandatário da parte**. Embora, em geral, na prática, o impedimento do magistrado decorra de mandato judicial, o veto legal à sua atuação no processo alcança também os casos de mandato extrajudicial. Desse modo, pouco importa que o juiz figure nos autos como advogado de uma das partes, como representante legal ou como preposto, porquanto, em todas essas situações, estará impedido de atuar.

São frequentes os casos em que o advogado se torna juiz do trabalho e, mais tarde, tem diante de si autos de processo no qual funcionou como procurador judicial de um dos litigantes. O impedimento, aqui, estará configurado, impondo-lhe o dever de abster-se de funcionar nesse processo. Mesmo que a procuração recebida tenha sido revogada ou haja ele renunciado ao mandato, não deixará de existir o impedimento, ainda que tenham sido mínimos os atos praticados. Pensamos, mesmo, que o impedimento se caracteriza pela mera outorga da procuração, ainda que o advogado, agora juiz, não tenha praticado nenhum ato no processo. Sucede que essa simples outorga já revela uma relação (profissional) entre o juiz e a parte, fato que é suficiente para obstar a atuação do primeiro nos autos em que esta figura como parte. Não ignoramos que a lei se refere à **intervenção** do advogado no processo. A despeito disso, seguimos entendendo que o fato de a procuração por ele recebida habilitá-lo a intervir no processo é bastante para fazer nascer o seu impedimento, tempos depois, como juiz. Como dissemos, a existência dessa procuração demonstra que houve uma relação de confiança (portanto, com certa intimidade) entre o juiz (então, advogado) e a parte.

Questão ainda não arrostada a fundo pela doutrina respeita ao fato de o juiz haver emitido **parecer**, cujas conclusões sejam favoráveis a um dos litigantes. Estamos, como se nota, cogitando daquelas situações em que o magistrado é, também, o que se convencionou denominar de jurista ou jurisconsulto.

O assunto deve ser examinado sob dois ângulos distintos:

1) se o parecer foi elaborado a pedido de terceiro, sem qualquer vinculação com o caso concreto, nenhuma restrição haverá à atuação do magistrado. Nesta hipótese, a parte apenas usou o mencionado parecer como adminículo doutrinal às suas razões, à semelhança do que ocorre com os artigos elaborados pelos juristas em geral e publicados em revistas, jornais especializados ou na internet, que são juntados aos autos pelos litigantes; 2) se o parecer foi produzido a pedido de uma das partes, a situação, também aqui, se desdobra, conforme essa elaboração tenha ocorrido: a) antes do ajuizamento da ação, ou b) no curso do processo.

No primeiro caso, não se poderá cogitar de impedimento, pois não há previsão legal para ao fato. Haveria, entretanto, motivo para suspeição do magistrado, não por eventual amizade íntima com a parte que encomendou o parecer, mas pela justificável tendência de o juiz julgar de acordo com as conclusões lançadas no parecer, particularidade que faria aflorar o seu interesse no julgamento da lide em favor do mencionado litigante (CPC, art. 145, IV). No segundo, a suspeição seria ainda mais nítida, porquanto o juiz, ao confeccionar o parecer a pedido de uma das partes, encontrando-se em curso o processo, estaria, ainda que por vias transversas, sutis, aconselhando, censuravelmente, essa parte acerca do objeto da causa, e, com isso, incidindo na restrição legal (CPC, art. 145, IV).

b) **Perito**. Havendo o juiz oficiado nos autos como perito, estará impedido de aí atuar. É elementar que se trata de hipótese em que o perito funcionou antes de haver-se tornado juiz; se já o fosse, não poderia exercer as suas funções de experto.

Haverá impedimento mesmo que o juiz tenha atuado como assistente do perito.

Pergunta-se: a partir de que momento se estabelece, para o magistrado o impedimento, em decorrência de haver atuado nos autos como perito: da prestação do compromisso legal; da realização do exame técnico; da apresentação do laudo?

A simples prestação do compromisso legal, a nosso ver, não cria o impedimento, pois esse ato não traduz uma efetiva atuação do perito, senão que o atendimento a uma formalidade legal. Cabe esclarecer que a despeito do disposto no art. 466, *caput*, do CPC, a CLT o exige que o *expert* preste compromisso formal, como demonstra o art. 827.

Quanto ao fato de haver realizado o exame (mas não tendo chegado a apresentar o laudo correspondente), em princípio deve gerar o impedimento, pois o juiz poderá ser levado a decidir sob forte influência de seus conhecimentos privados do fato, adquiridos em função da perícia, o que é inadmissível, porquanto não se trata de fato notório, nem incontroverso.

Por mais forte razão, o impedimento se caracterizará se houve a entrega do laudo. Realmente, se já consta dos autos o parecer do perito, e considerando que constitui meio de prova, não será lícito ao juiz formar o seu convencimento jurídico com base em um laudo por ele próprio produzido, ao tempo em que exercia as funções de experto. Mesmo que o juiz — argumentando-se em tese — não acatasse as conclusões estampadas no laudo, isso não tornaria lícita a sua atuação nos autos, vez que, neste, oficiou como experto.

c) **Membro do Ministério Público**. Tendo o juiz funcionado como agente do Ministério Público estará impedido de exercer as funções no processo.

d) **Testemunha**. É óbvio que se o juiz prestou declarações nos autos, como testemunha, estará impedido de aí atuar. Sendo o testemunho um meio de prova, seria aberrante do bom-senso imaginar que o juiz pudesse decidir com fulcro nas próprias declarações prestadas como testemunha. Mesmo que ele desprezasse essas declarações, o seu impedimento subsistiria, em face de sua participação.

É irrelevante, ainda, que viesse a decidir contra a parte que o arrolou como testemunha, ou que a sua indicação haja decorrido da iniciativa do juiz, que, na época, conduzia o processo ("testemunha referida").

Assinale-se que a situação contemplada pela norma legal em exame é a do juiz que presta declarações, como testemunha, antes de haver ingressado na magistratura. Assim dizemos porque se o juiz da causa for apontado como testemunha, deverá: a) declarar-se impedido, se tiver conhecimento de fatos, que possam influir na decisão; b) se nada souber, mandará excluir o seu nome (art. 452, I e II).

Preceitua o § 4º, do art. 447, do digesto processual civil, contudo, que, sendo estritamente necessário, poderão ser ouvidas "testemunhas" menores, impedidas ou suspeitas. Em rigor, a menção legal às testemunhas é equivocada, dado que se tais pessoas ficam dispensadas do compromisso legal (art. 458), como afirma o art. 447, § 5º, é evidente que serão ouvidas como meros informantes. Essa nossa objeção, entrementes, não alcança o juiz da causa. Assim, como asseveramos há pouco, se ele for arrolado como testemunha e tiver conhecimento de fatos capazes de influir no resultado do julgamento deverá dar-se por impedido, caso em que a parte que o indicou não poderá desistir do seu depoimento (art. 452, I). A proibição quanto a essa desistência visa a impedir que a parte indique o juiz como testemunha apenas para afastá-lo da direção do processo. Dessa forma, ele deverá ser inquirido, pelo juiz que for designado em seu lugar, não como informante, e, sim, como testemunha. O impedimento, de que fala o art. 452, I, é quanto ao exercício das funções de magistrado, não sendo defeso, portanto, ao juiz (que se afastou do processo) ser ouvido como testemunha.

O que não se pode admitir é que o juiz se ofereça como testemunha para ser inquirido no processo a que dirige. Essa atitude seria comprometedora do prestígio e da dignidade do Poder Judiciário, pois o que as partes desejam é que o juiz conduza com imparcialidade o processo e profira a sentença, e, não, que se disponha, por iniciativa própria, a servir como testemunha em favor de uma delas.

Inciso II. Esta causa de impedimento constava do inciso III, do art. 134, do CPC revogado.

Por força da norma legal supracitada, o juiz estará proibido de exercer as suas funções no processo que conheceu em primeiro grau de jurisdição, tendo-lhe proferido sentença ou decisão.

Uma notícia histórica: no texto do Projeto do Código de Processo Civil de 1973, esse veto era previsto, apenas, com relação aos processos em que o juiz houvesse emitido **sentença**. Em decorrência de alteração introduzida por Emenda apresentada pela Comissão Especial do Senado, acrescentou-se ao texto o vocábulo **decisão**, de maneira a tornar mais ampla a proibição dirigida ao magistrado. Essa modificação foi acertada, considerando-se os termos segundo os quais se encontrava redigido, primitivamente, o dispositivo citado. Ocorre que se a referência fosse, apenas, à sentença, o juiz poderia funcionar no mesmo processo, em segundo grau, ainda que, em primeiro, houvesse proferido, nele, alguma decisão (geralmente, interlocutória). Por outro lado, se o texto aludisse, somente, às decisões, isso poderia levar à absurda conclusão que o fato de haver proferido sentença não criaria o impedimento do magistrado. Assim dizemos tendo em conta a classificação e a conceituação dos atos judiciais estabelecidos pelo art. 162, daquele CPC, que compreendiam os despachos (ordinatórios e decisórios), as decisões interlocutórias e as sentenças (e, ainda, os acórdãos).

A regra inscrita no art. 144, inciso II, do atual digesto de processo civil, merece alguns escólios exegéticos.

Em primeiro lugar, o impedimento do juiz se prende ao fato de haver proferido, num mesmo processo, sentença ou decisão interlocutória. Em princípio, portanto, esse impedimento inexistirá se, embora sendo idêntica a matéria, ele a tenha apreciado em primeiro grau, mediante sentença, num determinado processo, vindo a examiná-la, mais tarde, no tribunal, em outro processo. Em segundo, como o impedimento se constitui no tocante ao mesmo processo, algumas conclusões lógicas se extraem: a) esse veto subsistirá ainda que o juiz tenha sido, digamos, relator do acórdão num Tribunal Regional, e, mais tarde, quando integrante do Tribunal Superior do Trabalho, venha a ser sorteado como relator, no mesmo processo, em face do recurso de revista interposto do acórdão emitido pelo Regional. Não cremos que mereça interpretação restritiva a referência que o Código faz à atuação do juiz em primeiro grau; ora, se ele funcionou no mesmo processo, ainda que, num primeiro momento, num Tribunal Regional, e, num segundo, num Tribunal Superior, terá sido desrespeitado o verdadeiro sentido da vedação contida no texto, legal em exame; b) se, porém, o juiz proferiu a sentença rescindenda, não estará impedido de participar do julgamento (inclusive como relator) da ação rescisória. Esse é o entendimento jurisprudencial cristalizado na Súmula n. 252, do Supremo Tribunal Federal. Dá-se que, nesse caso, a atuação do juiz, na ação rescisória, ocorre em outro processo, vale dizer, em processo diverso daquele em que foi lançada a sentença rescindenda. A ação rescisória — nunca é inútil recordar — instaura uma nova relação jurídica processual, razão por que dela pode participar o juiz que haja funcionado no julgamento que produziu a sentença cujos efeitos se visa a desconstituir.

Impõe-se, aqui, uma regra de temperamento, de bom senso. Parece-nos que, a despeito da Súmula n. 252, do Excelso Pretório, haverá impedimento se a ação rescisória fundar-se em certos fatos que digam respeito à **pessoa** do magistrado, como se verifica, por exemplo, nas alegações de prevaricação, concussão, corrupção e impedimento. A considerar-se que inexistirá impedimento, ter-se-á de admitir que o juiz, em sede de ação rescisória, pode manifestar- se, sob a forma de voto, acerca da afirmação, feita pela parte, de atos de corrupção ou de concussão que ele teria praticado quando do proferimento da sentença rescindenda. Se bem pensarmos, veremos que ele estaria, nesta hipótese, sendo juiz em causa própria, o que é inconcebível em um regime democrático; c) se o magistrado houver, tão somente, proferido despacho em primeiro grau, não estará impedido de participar do processo, em segundo grau. Uma ressalva, entretanto, se faz necessária. O despacho, que não inibe a atuação do juiz no processo, em outro grau de jurisdição, é, apenas, aquele do tipo ordinatório ou de expediente, destinado à simples impulsão processual. Sabemos, contudo, que há certos despachos que contêm um *plus*, com relação aos ordinatórios: são os **decisórios,** que traduzem um ato resolutivo, por parte do juiz, com carga mais intensa do que aquela que pode ser encontrada em alguns despachos de mero expediente. Exemplo característico do despacho-decisório (conquanto não seja o único), de que estamos a cuidar, é aquele pelo qual o juiz não admite recurso. O caráter profundamente **decisório** desse despacho fez, inclusive, com que o legislador trabalhista o tornasse suscetível de ataque pelo agravo de instrumento (CLT, art. 897, "b"). Dessa forma, se o juiz emitiu o despacho-decisório, denegatório do recurso, não poderá participar do julgamento, no tribunal, do agravo de instrumento interposto daquele despacho, pois a sua atuação estaria se dando no mesmo processo. É sempre relevante lembrar que o recurso, ao contrário da ação rescisória, não instaura uma nova relação jurídica processual, senão que, de certa maneira, distende, amplia a que se formou em primeiro grau.

Para efeito de configuração do impedimento, pouco importa se a sentença (para cogitarmos somente desta) tenha apreciado, ou não, o mérito da causa. Assim, se, em primeiro grau, o juiz extinguiu o processo sem exame do mérito, por haver, *e. g.*, declarado inepta a petição inicial, estará impedido de participar do julgamento do recurso ordinário que vier a ser interposto dessa sentença, ou mesmo do recurso interposto da sentença de mérito, proferida no mesmo processo, no caso de o tribunal haver afastado o decreto de inépcia e ordenado a devolução dos autos ao juízo de primeiro grau, para apreciar os pedidos formulados pelo autor, como entendesse de direito. Em todas essas situações, ao juiz seria defeso participar do julgamento do recurso, por haver proferido a sentença impugnada.

Podemos, mesmo, à luz do art. 144, inciso II, do CPC, construir as seguintes regras, de ordem prática: a) o juiz estará impedido de atuar no mesmo processo, em outro grau de jurisdição, sempre que, nele, houver emitido decisão ou sentença, seja de mérito, ou não. É despiciendo, para esse fim, que a sentença (sendo de mérito) tenha sido desconstituída em virtude de ação rescisória; b) o juiz, contudo, não estará impedido de participar do julgamento da sentença rescindenda por ele proferida, exceto se a ação rescisória fundar-se em fatos que digam respeito, essencialmente, à pessoa do juiz, à sua honorabilidade, ao seu caráter etc. (prevaricação, concussão, corrupção, impedimento).

Inciso III. Em termos gerais, a regra já figurava no inciso IV, do art. 134, do CPC revogado.

Se estiver postulando nos autos, como defensor ou advogado de um dos litigantes, ou como membro do Ministério Público o cônjuge ou companheira do juiz ou qualquer parente seu, consanguíneo ou afim, em linha reta, ou na colateral até o segundo grau inclusive, o juiz estará impedido de exercer as suas funções nesse processo.

O texto anterior não fazia menção ao defensor e ao membro do Ministério Público, assim como não aludia ao companheiro (ou companheira) do(a) magistrado(a).

A razão do veto legal à atuação do juiz é óbvia: presume-se que ele terá o seu senso (e, acima de tudo, o dever) de imparcialidade perturbado pelo fato de o defensor ou advogado da parte, ou o membro do Ministério Público ser seu cônjuge ou parente, consanguíneo ou afim, na linha reta ou na colateral, até o segundo grau, inclusive. Por esse motivo, o legislador, cauteloso, o afastou da direção do processo.

Cônjuge é o marido ou a mulher. Na vigência do CPC de 1973 entendíamos que a **companheira** ou a **concubina** do magistrado, por não estarem relacionadas no art. 134, que tratava do impedimento, seriam causa de **suspeição**, pois o fato se amoldaria à previsão do art. 135, inciso I, daquele Código (amizade íntima).

O texto atual, entretanto, incluiu, de maneira expressa, o companheiro (ou companheira), que estiver postulando em juízo, como causa de **impedimento** do magistrado. O mesmo tratamento deve ser dado á **concubina**. Essa nossa opinião tanto mais se robustece quando houver filhos comuns e desde que a filiação seja reconhecida, na forma da lei. Nesse caso, a presença de filho (ou de filhos) faz com que o vínculo efetivo entre o juiz e a concubina se torne mais concreto e expressivo, de tal modo que se possa considerá-lo impedido de funcionar nos autos em que a concubina sejam parte (mesmo não sendo ele, juiz, réu...).

Como ficará, porém, a situação em que o casamento foi desfeito (divórcio) ou declarado nulo? Não se podendo, neste caso, falar em cônjuge, e não sendo razoável imaginar-se que o ex-cônjuge jamais pudesse influir na disposição do ânimo do juiz, julgamos que, aqui, haverá causa de **suspeição**.

É oportuno rememorarmos, nesta altura, algumas regras a respeito da fixação dos graus de parentesco. Antes, observemos que parente é a pessoa que se vincula a uma outra por um mesmo tronco (consanguinidade) ou por ser uma delas consanguínea do cônjuge da outra (afinidade). Linha reta é a que liga ascendentes e descendentes: avós, pais, filhos, netos; linha colateral é a que se estabelece entre pessoas que têm o mesmo tronco, excluídos os ascendentes e os descendentes: irmãos, primos.

O grau de parentesco se define segundo o número de gerações que separam duas pessoas. Há, entretanto, uma peculiaridade quanto à contagem das gerações, pois se considera uma na linha reta e outra na colateral. Desse modo, na primeira, subimos ou descemos os graus necessários para ir de uma pessoa para outra. Se desejarmos seguir, p. ex., do filho para o pai, subiremos um grau; se pretendermos o contrário, deveremos descer um grau. Temos, pois, que pai e filho são parentes em primeiro grau; avô e neto, em segundo; bisavô e bisneto, em terceiro, e, assim, sucessivamente. Contagem diversa ocorre na linha colateral. Aqui, subimos de uma pessoa até o descendente comum, para, depois, descermos até a outra. Daí vem, que irmãos são parentes em segundo grau; tios e sobrinhos, em terceiro; primos, em quarto, e, assim, por diante.

O mesmo critério é utilizado para definir os graus de parentesco por afinidade. Por isso, cunhados são parentes em segundo grau; sobrinho (por afinidade) em terceiro etc.

Para os efeitos do inciso III, do art. 114, do CPC, deve ser dito que não há limite para o impedimento na linha reta; já na colateral, o dever de abstenção do magistrado só existe até o parentesco em segundo grau (irmão).

Inciso IV. Este motivo de impedimento estava previsto, com menor amplitude, no inciso V, do art. 134, do CPC, revogado. Expliquemo-nos: o precitado artigo mencionava, em inciso específico (I), como fator de impedimento da atuação do magistrado, o ser **parte** na causa. O Código atual cuida do tema no inciso IV, do art. 144, ao fazer uso da expressão "quando ele próprio", ou seja, o magistrado (além do seu cônjuge, companheiro ou parente) for parte no feito.

O magistrado como parte. Conquanto o juiz, na qualidade de representante estatal, seja sujeito do processo, está legalmente impedido de funcionar nos casos em que seja parte. É proveitoso lembrar que o vocábulo **parte** é originário do latim *pars, partis*, sugerindo a ideia de porção de um todo — que é a lide —, de elemento fragmentário de alguma coisa. A proibição legal, a que nos referimos, corresponde, na ordem processual, ao dito popular, segundo o qual "ninguém pode ser juiz em causa própria".

Embora se entenda como parte a pessoa integrada na relação jurídica processual, como sujeito do contraditório estabelecido perante o juiz (Liebman), o conceito dessa figura, para os efeitos da vedação contida no preceito legal *sub examen*, é amplo. Assim, haverá de ser considerado parte o juiz que figurar nos autos como chamado ao processo, terceiro embargante, assistente.

Do mesmo modo, será tido como parte o juiz que se encontre na qualidade de substituído nos autos. Se, por exemplo, o juiz é professor em determinado estabelecimento de ensino superior, em face do qual o sindicato representativo da correspondente categoria profissional ingressa em juízo na qualidade de "substituto" processual, e coincidindo de a ele ser distribuída a inicial, deverá declarar-se impedido. Ainda que o juiz não seja parte, na ação ajuizada pelo sindicato (este, sim, na verdade é parte), nem por isso deixará de existir o veto legal à sua atuação no processo, pois não se pode ignorar o fato de que ele é o titular do direito material postulado naquela ação. E isso é o quanto basta para fornecer a medida do seu interesse na demanda.

A entender-se de modo diverso, na situação de que estamos a nos ocupar, estar-se-á a consagrar o absurdo de autorizar o juiz a proferir sentença em uma causa na qual são evidentes os seus interesses como processualmente substituído. Estar-se-á, em derradeira análise, a permitir que seja juiz de sua própria causa.

Como regra, podemos dizer que o juiz estará impedido de atuar no processo, à luz do art. 144, IV, do CPC, sempre que ficar patente o seu interesse pessoal (e direto) no objeto da ação.

Somente em casos verdadeiramente excepcionais, em que nenhuma outra solução jurídica possa ser encontrada, será permitida a atuação do juiz em processo no qual figure como parte ou como interessado direto. Se, digamos, os juízes federais ajuizarem ação diante da União, visando à obtenção de determinado reajuste dos vencimentos, que venha a beneficiar toda a magistratura federal (juízes de primeiro e de segundo graus, e, até mesmo, os Ministros do Supremo Tribunal Federal), a competência para apreciar a ação será da própria Justiça Federal. Desse modo, a ter-se como suspeitos os juízes federais, a ação ficaria sem ser apreciada, o que é inadmissível diante do art. 52, inciso XXXV, da Constituição da República. O mesmo se afirme quanto aos Ministros do STF, no caso de haver sido exercida, neste Tribunal, "ação em que todos os membros da magistratura sejam direta ou indiretamente interessados" (CF, art. 102, I, "n").

Fora disso, o impedimento deve ser declarado pelo juiz, logo que tomar conhecimento do fato determinante, sob pena de ensejar que a parte o faça, por meio de exceção específica.

Nunca é inútil observar que a participação no processo de juiz impedido, é de tal modo grave que a sentença, por ele proferida, pode ser objeto de ação rescisória (CPC) art. 884, II.

Cônjuge, companheiro ou parente. Não se confundem as situações previstas nos incisos IIII e IV, do art. 144, do Estatuto Processual Civil. Enquanto na primeira (inciso III), por nós já examinada, o parentesco é entre o defensor, o advogado da parte ou o membro do Ministério Público e o juiz, na segunda (inciso IV), esse parentesco se dá entre a própria parte e o magistrado.

Nessa hipótese, o juiz estará impedido sempre que seu cônjuge, companheiro ou parente (consanguíneo ou afim) em linha reta, ou na colateral, até o terceiro grau, for parte no feito.

Tanto no caso do inciso III, quanto no do IV, o parentesco, por consanguinidade ou afinidade, em linha reta, será sempre causa de impedimento do magistrado. A diferença (além da já destacada no início) entre os dois incisos está em que, neste, o impedimento existirá, na linha colateral, até o terceiro grau (tio ou sobrinho), inclusive. Conclui-se, pois, que no processo civil não haverá impedimento se o juiz for, digamos, primo de uma das partes, pois o parentesco, nesse caso, é em quarto grau.

O processo do trabalho, no entanto, não faz nenhuma distinção entre a linha reta e a colateral, afirmando, apenas, que o impedimento ("suspeição", diz, mal, o art. 801, letra "c", da CLT) haverá se o juiz for parente de uma das partes, por afinidade ou consanguinidade, até o terceiro grau civil.

Estabelece o art. 1.595, § 2º, do Código Civil, que o parentesco por afinidade, na linha reta, não se extingue com a dissolução do casamento ou da união estável, que a originou. Está implícita, na mesma norma legal, a afirmação de que a dissolução do casamento ou da união estável faz cessar o parentesco, por afinidade, na linha colateral. Pensamos, entretanto, que para efeito de impedimento do juiz se deva considerar que a dissolução do casamento não extingue o parentesco por afinidade, mesmo na linha colateral. Digamos que o juiz seja cunhado de uma das partes. O fato de vir a falecer a mulher do juiz, irmã do cunhado deste, não faz desaparecer, só por isso, as sensatas razões pelas quais o legislador processual redigiu a regra do art. 144, inciso IV, do CPC.

Inciso V. A matéria era tratada no inciso VI, do art. 134, do CPC revogado. O CPC atual substituiu o vocábulo **órgão** por **sócio ou membro** (de direção ou de administração de pessoa jurídica parte na causa).

Se o juiz for ocupante de cargo de direção ou de administração de pessoa jurídica, parte na causa, estará impedido de exercer as suas funções nesse processo. Pouco importa, para esse fim, que se trate de pessoa física de direito público ou de direito privado.

É bem verdade que dispondo o art. 95, parágrafo único, inciso I, da Constituição Federal em vigor, ser vedado ao juiz "exercer, ainda que em disponibilidade, outro cargo ou função, salvo uma de magistério", torna-se praticamente impossível que ele acumule, com as suas funções de magistrado, a de sócio ou membro de direção ou de administração de pessoa jurídica, ainda que esta não tenha finalidade econômica.

Em rigor, havia um certo equívoco na dicção do art. 134, V, do CPC anterior, porquanto o juiz não se tornava "órgão", mas, sim, integrante de órgão. De qualquer modo, colocando-se de lado o problema da ilegalidade dessa acumulação, o fato é que se o juiz for, realmente, sócio ou membro de direção ou de administração de pessoa jurídica, parte na relação processual, estará impedido de atuar nesses autos, por força do estatuído inciso V do art. 144 do vigente Estatuto Processual Civil.

A Lei Orgânica da Magistratura Nacional (Lei Complementar n. 35, de 14 de março de 1979), aliás, também proíbe o juiz de: a) exercer o comércio ou participar de sociedade comercial, inclusive de economia mista, exceto como acionista ou cotista; b) exercer cargo de direção ou técnico de sociedade civil, associação ou fundação, de qualquer natureza ou finalidade, salvo de associação de classe, e sem remuneração (art. 36, incisos 1 e II).

Eventual desrespeito, por parte do magistrado, a essas normas legais e constitucionais proibitivas da acumulação de cargos ou funções o submeterá às penalidades previstas na LOMAN.

Uma ressalva: como é óbvio, não há impedimento legal para que o juiz ocupe certos cargos, como o de Presidente de Associação de magistrados, de Diretor de Escola Judicial etc.

Inciso VI. Esta causa de impedimento do magistrado constava como de suspeição no CPC revogado (art. 135, III).

Herdeiro presuntivo (ou presumido) é a pessoa que está apta a herdar. O adjetivo "presuntivo" revela, assim, tratar-se de situação futura. Para os efeitos da norma legal em exame, é irrelevante investigar se o herdeiro presuntivo é legítimo (herda em virtude de parentesco) ou testamentário (herda por força de disposição inserta em testamento), porquanto, em ambos os casos, haverá impedimento do juiz.

Se, porém, o testamento excluir o juiz da herança, é óbvio que não se poderá pensar em impedimento. É evidente que se o testamento for cerrado somente se saberá se o juiz é herdeiro com a abertura do testamento, o que se dá, em regra, após o falecimento do testador.

Por outro lado, se o juiz for herdeiro legítimo isso não significa, necessariamente, que estará impedido de dirigir o processo, porquanto, para tanto, cumprirá verificar se não há parentes mais próximos, que possam afastá-lo da herança.

Donatário. Se o juiz recebeu alguma doação da parte, esse fato faz presumir um certo sentimento de gratidão do magistrado, que, em função disso, poderá desviar-se do seu dever de imparcialidade para favorecer, ainda que de maneira inconsciente, o doador. Por esse motivo, a lei considera impedido o magistrado que seja donatário de um dos litigantes, como forma de preservar o direito do adversário deste, quanto a um julgamento imparcial.

Cremos, todavia, que só deva constituir causa de impedimento a doação espontânea, ou seja, a que deriva de um ato de liberalidade do doador. A doação remuneratória nada possui de espontaneidade, representando, isto sim, uma contraprestação pelos serviços realizados.

Embora a lei não se refira ao valor da doação, ao incluí-la como motivo de impedimento do magistrado, uma vez mais, as regras de bom-senso alvitram que só as de considerável monta devam ser consideradas para esse fim. No entanto, as doações de pequeno valor, desde que reiteradamente feitas pela mesma pessoa, podem representar um indício da existência de amizade íntima, de uma afeição profunda, entre o juiz e o doador, forma a considerá-lo, senão como impedido, ao menos como suspeito de atuar no processo (art. 145, I).

Empregador. Prevê o processo civil, como causa de impedimento do juiz, o fato de ele ser empregador da parte.

Transportada essa disposição para o terreno peculiar do processo do trabalho, devemos examiná-la sob alguns aspectos, que nos parecem relevantes: a) se o juiz do trabalho for empregador do autor (geralmente, doméstico ou rural) e estiver figurando no processo como parte (réu), o impedimento estará configurado pelo inciso VII do art. 144, e não pelo inciso VI; b) não sendo o juiz parte na causa, o impedimento estará caracterizado pelo inciso VI do art. 144 (a singularidade de ser empregador de um dos litigantes tenderá a fazer com que certos sentimentos de afetividade o levem a decidir em prol do empregado, seja este autor ou réu na ação); c) se o juiz for ex-empregador da parte (e não for réu na causa) será prudente perscrutar se guarda, com relação a esta, sentimentos que possam refletir amizade íntima ou inimizade capital — circunstâncias que, uma vez comprovadas, o tornarão **suspeito** de atuar no processo.

Inciso VII. Não raro, o juiz exerce cargo de magistério em estabelecimento de ensino, com a qual possua relação de emprego. Esta é, a propósito, a única exceção destacada pelo art. 95, parágrafo único, I, da Constituição Federal, ao vedar ao magistrado o exercício de outro cargo ou função, ainda que em disponibilidade. Destarte, se o juiz for empregado de instituição de ensino, ou com ela mantenha contrato de prestação de serviços, estará impedido de atuar na causa em que essa instituição figure como parte.

Em que pese ao fato de a norma legal fazer referência à **parte,** entendemos que haverá impedimento do juiz mesmo que a instituição de ensino haja intervindo na causa na qualidade de **assistente**, seja simples (CPC, art. 121) ou litisconsorcial (CPC, art. 124) embora o assistente não seja parte, mas, **terceiro.** O litisconsorte, entretanto, é parte (CPC, art. 113).

Inciso VIII. Se, na causa, figurar como parte cliente do escritório de advocacia do seu cônjuge, companheiro ou parente, consanguíneo ou afim, na linha reta ou colateral, até o terceiro grau, inclusive, o juiz estará impedido de atuar no processo. O motivo de impedimento, previsto no inciso em exame, não se confunde com o constante do inciso III, do mesmo artigo. Enquanto, no caso deste inciso, o impedimento deriva do fato de as pessoas ali mencionadas estarem atuando na qualidade de defensor público, advogado ou membro o Ministério Público, no inciso VIII as pessoas mencionadas figuram no processo como parte.

Inciso IX. Pode ocorrer de o juiz haver promovido, em outra Vara do Poder Judiciário a que se encontra vinculado, ou mesmo de outro ramo do Judiciário, ação em face da parte ou do advogado que figuram no processo que lhe cabe dirigir. Nesse caso, ele estará impedido de atuar no processo. Um retoque doutrinário: em rigor, a ação não é exercida "contra" o réu, e, sim, contra o Estado, que é o detentor monopolístico da atividade jurisdicional. Isso fica tanto mais claro se entendermos que a ação constitui o direito (de natureza constitucional, entre nós), pelo qual os indivíduos ou as coletividades invocam a prestação jurisdicional com o objetivo de evitar a lesão de um bem ou utilidade da vida, ou de reparar essa lesão. Por esse motivo, a ação é dirigida **contra** o Estado e **diante** do réu. A realidade demonstra, no entanto, haver uma forte e arraigada tradição de aludir-se ao ajuizamento da ação "contra" o réu. O deslize não é grave.

§ 1º O tema era tratado pelo parágrafo único do art. 134 do CPC revogado.

A caracterização do impedimento do magistrado, na espécie em exame, pressupõe que o defensor, o advogado ou o membro do Ministério Público já se encontrassem postulando nos autos.

§ 2º A parte final do parágrafo único do art. 134 do CPC revogado dispunha ser **"vedado ao advogado pleitear no processo, a fim de criar o impedimento do juiz"**. Em termos práticos, isso significava que o impedimento era do advogado, cuja quebra desse dever configuraria infração disciplinar, punível pela Ordem dos Advogados do Brasil (Lei n. 8.906, de 4.7.94, art. 34).

O texto atual adverte ser **"vedado criar fato superveniente a fim de caracterizar a impedimento do juiz"** (art. 144, § 2º). Esta norma tem sentido mais amplo do que a anterior, pois as suas disposições não são restritas ao advogado, compreendendo, também, à parte, o defensor, o Ministério Público e os terceiros em geral. Na prática, poderão existir controvérsias quanto à incidência § 2º, *sub examen*, a começar pela imprecisa redação da norma. Com efeito, o texto legal proíbe ("É vedado") a parte, o advogado ou terceiro "criar fato superveniente" (expressão pleonástica); ora, se a parte e o juiz decidirem se casar este será o "fato superveniente", todavia, a norma legal não pode proibir esse casamento. O que se passa é que o casamento acarretará o impedimento do magistrado (inciso IV).

§ 3º Este parágrafo esclarece, por assim dizer, que estará configurado o impedimento do juiz, no caso do inciso III, mesmo que o mandato outorgado a membro de escritório de advocacia em cujo quadro figure advogado que, individualmente, esteja abrangido pelo precitado inciso, inda que não pratique, de maneira direta, atos no processo.

c) Suspeição

Caput. O CPC revogado (art. 134, *caput*) **reputava suspeito** o magistrado nas situações que indicava; o texto atual, mais inciso, afirma **haver suspeição** nesses casos.

No momento em que o Estado avocou o monopólio da administração da justiça assumiu, também, o dever de solucionar os conflitos de interesses submetidos à cognição jurisdicional, de maneira não apenas rápida e boa, mas, sobretudo, por meio de juízes imparciais.

A imparcialidade do magistrado constitui, por isso, um dever do Estado e um correspondente direito das partes.

Daí, a existência, em nosso sistema processual, de vetos à atuação de juízes considerados, aprioristicamente, impedidos ou suspeitos.

Conforme havíamos bosquejado no item anterior, diferem-se, entre si, o impedimento e a suspeição, segundo determinados traços específicos. Demonstremo-los.

O dever de abstenção do magistrado, no caso do impedimento, é absoluto, inflexível. Disso derivam algumas consequências de ordem jurídica e prática. A primeira delas é que embora a parte deva arguir o impedimento (art. 146, *caput*), o seu silêncio, quanto a isso, não implica preclusão nem legitima a atuação do magistrado naquele processo. Dessa maneira, pode a parte alegar o impedimento mesmo depois de ultrapassado o momento oportuno. A segunda é que somente a sentença emitida por juiz impedido é rescindível, conforme patenteia o inciso II, do art. 966, do CPC. O impedimento traduz, pois, matéria de ordem pública.

No tocante à suspeição, o dever de abstenção do magistrado é, apenas, relativo. Dessa particularidade também emanam algumas consequências jurídicas e práticas. Em primeiro lugar, se a parte deixar de alegar a suspeição formar-se-á, contra ela, a preclusão "temporal", que a impedirá de alegar a suspeição mais tarde. Em segundo, a sentença proferida por juiz suspeito não é rescindível.

Se levarmos em conta os diversos sistemas continentais existentes, a respeito do dever de abstenção do magistrado, podemos dizer que, em nosso meio, as situações de impedimento traduzem o *iudex inhabilis*, e as de suspeição, o *iudex suspectus*. O sistema do *iudex inhabilis* se caracteriza pelo fato de a própria lei proibir a atuação do magistrado que se encontre em uma das situações por ela previstas (dever absoluto de abstenção); pelo do *iudex suspectus*, como a denominação evidencia, a lei embora especifique os casos de suspeição do magistrado, exige a iniciativa das partes, no que tange a alegá-la (dever relativo de abstenção).

Cada sistema do processo, enfim, deverá ocupar-se com o problema da suspeição e do impedimento dos juízes, procurando solucioná-lo segundo a tradição legislativa, as novas necessidades sociais e as singularidades do processo correspondente. O sistema adotado pelo Código de Processo Civil brasileiro em vigor, se não é perfeito, sob os ângulos prático e doutrinário, também não contém falhas de tal gravidade que possam comprometer a sua eficiência.

As causas de suspeição se encontram arroladas no art. 145, do CPC. Essa atitude do legislador foi correta, porque se se limitasse a dizer que o juiz suspeito estaria impedido de atuar no processo, sem, contudo, indicar as causas de suspeição, isso levaria, por certo, a discussões intermináveis acerca do assunto, não só na doutrina e na jurisprudência, como — e o que seria mais preocupante — nos próprios casos concretos. Pensamos, todavia, que o mencionado rol de causas não seja, em rigor, exaustivo, podendo o juiz ser também considerado suspeito sempre que a sua atitude, o seu comportamento estiver proibido por norma legal. Argumentemos com o inciso III, do art. 36, da LOMAN. Nos termos dessa norma, é defeso ao juiz manifestar, por qualquer meio de comunicação, opinião sobre processo pendente de julgamento, a que esteja dirigindo. Se, por exemplo, o magistrado formular um juízo depreciativo a respeito de uma das partes, ou antecipar o resultado do julgamento (prejulgar), fazendo-o com certa publicidade, é elementar que se tornará suspeito para continuar a exercer as suas funções, naquele processo. Essa causa de suspeição, como se vê, não está prevista no art. 145, do diploma processual civil, mas na LOMAN, ainda que esta não aluda a suspeição. Mas, o que se insinua no seu art. 36, III, primeira parte, é exatamente isso.

A CLT, influenciada pelo CPC de 1939, encambulhou, num mesmo dispositivo, casos de impedimento e de suspeição (art. 801). A inimizade pessoal, a amizade íntima e o interesse particular na causa, são, efetivamente, causas de suspeição; o parentesco por consanguinidade ou afinidade até o terceiro grau civil, porém, é, sob a óptica do rigor lógico, motivo de impedimento.

Mesmo no processo do trabalho, as causas de suspeição devem ser as apontadas pelo art. 145, do CPC, não se justificando que situações como a de ser, o magistrado, herdeiro presuntivo, donatário ou empregador de alguma das partes não possam conduzir à suspeição do julgador. O mesmo se afirme quanto ao fato de o juiz receber dádivas, antes ou depois de iniciado o processo; de aconselhar uma das partes sobre o objeto da ação; ou subministrar, a um dos litigantes, meios para atender às despesas do litígio.

Estabelece o CPC:

Art. 145. Há suspeição do juiz:

I — amigo íntimo ou inimigo de qualquer das partes ou de seus advogados;

II — que receber presentes de pessoas que tiverem interesse na causa antes ou depois de iniciado o processo, que aconselhar alguma das partes acerca do objeto da causa ou que subministrar meios para atender às despesas do litígio;

III — quando qualquer das partes for sua credora ou devedora, de seu cônjuge ou companheiro ou de parentes destes, em linha reta até o terceiro grau, inclusive;

IV — interessado no julgamento do processo em favor de qualquer das partes.

§ 1º Poderá o juiz declarar-se suspeito por motivo de foro íntimo, sem necessidade de declarar suas razões.

§ 2º Será ilegítima a alegação de suspeição quando:

I — houver sido provocada por quem a alega;

II — a parte que a alega houver praticado ato que signifique manifesta aceitação do arguido.

Passemos ao exame dessas causas de suspeição.

Inciso I. Esta causa era mencionada, com pequena alteração, no inciso I, do art. 135, do CPC revogado.

Amizade íntima. O ser humano é, naturalmente, gregário. O convívio em sociedade faz com que os indivíduos se relacionem entre si. Conforme seja o grau desse relacionamento, poderão surgir amizades. Algumas delas não passarão de consequência natural e efêmera desse contato social e das circunstâncias que o caracterizam; outras, contudo, traduzirão um profundo sentimento de afeição entre as pessoas, fazendo com que a amizade se torne íntima.

Do ponto de vista da necessidade de harmonia nas relações sociais, seria ideal que todos os indivíduos se unissem, uns aos outros, por vínculos de amizade profunda, pois isso, por certo, evitaria muitos dos conflitos que soem eclodir nas sociedades organizadas, colocando em risco a sua estabilidade e, o que é pior, a sobrevivência dos seus integrantes.

O juiz é um ser a quem a lei não proíbe, propriamente, de possuir amizades íntimas, embora o impeça de exercer as suas funções nos processos em que figure como parte pessoa à qual se ligue por essa espécie de amizade. Conquanto seja desagradável dizer, o fato é que o juiz, na qualidade de órgão estatal incumbido de solucionar os conflitos de interesses ocorrentes entre os indivíduos ou as coletividades, deve ter uma vida social algo reservada, nomeadamente nas pequenas cidades, onde haja uma ou duas varas, porquanto a amizade íntima com as pessoas poderá torná-lo suspeito de atuar nas causas em que estas sejam parte. Sob este aspecto, pode-se afirmar que o juiz está condenado a não possuir sentimentos de afeição aprofundada, exceto para com os de seu círculo familiar.

Cabe recordar que o vocábulo **suspeição** é originário do latim *suspectio*, que significa suspeita, desconfiança, conjectura desfavorável quanto à probidade de alguém.

Perceba-se, no entanto, que não é qualquer amizade que tornará o juiz suspeito, mas, apenas, aquela a que a lei denomina de **íntima**, vale dizer, a entranhada, a que é extremamente profunda, capaz, por isso mesma, de causar influência considerável no seu espírito, no seu dever de neutralidade. Andou bem, sem dúvida, o legislador em incluir a amizade íntima entre as causas de suspeição do magistrado, pois este, na prática, poderia, mesmo que de modo inconsciente, decidir a favor do amigo, para não o desagradar, ainda que a prova dos autos sugerisse decisão oposta. Não é próprio da natureza humana contrariar os interesses dos amigos especiais.

O que separa a simples amizade da amizade íntima é uma questão de grau de intensidade. Nos casos concretos, nem sempre estará desembaraçada de dificuldades a mensuração desse grau, até porque a lei não oferece critérios ou métodos para isso. Por outras palavras, sabe-se que a amizade íntima constitui motivo de suspeição do magistrado; o que não se pode precisar, muitas vezes, é se a amizade é, verdadeiramente, íntima.

Podem ser apontados, todavia, como indícios dessa amizade: o fato de a parte frequentar, de maneira habitual, a casa do magistrado, ou vice-versa; a troca de favores ou de obséquios entre eles; o fato de o juiz ser namorado ou noivo de uma das partes.

Dentro dessa linha de raciocínio, o compadrio pode ser indicado como causa de suspeição do magistrado, pois é razoável imaginar que este só se compadrou com outrem em virtude de uma amizade íntima.

É interessante observar a disposição constante do Código de Manu, filho de Brahma, a respeito da suspeição das testemunhas, cuja regra pode ser aplicada, em certa medida, aos magistrados:

> "Não devem ser admitidos em juízo homens cúpidos; nem aqueles dominados por interesse pecuniário; nem os amigos; nem os inimigos; nem os criados de servir; nem os homens de reconhecida má-fé; nem os enfermos; nem os criminosos; nem os que estão na dependência de outrem; nem os que se dedicam a misteres cruéis; nem os velhos e as crianças; nem os homens da classe mista; nem os ébrios; nem os loucos; nem os que sofrem fome e frio; nem os afadigados; nem os coléricos; nem os enamorados; nem os ladrões".

O mesmo Código de Manu considerava as pessoas enamoradas "privadas de sentido" para comparecer a juízo. E, com razão, sabendo-se que o amor profundo representa, sob esse aspecto, uma espécie de paroxismo da amizade íntima, devotada a alguém do outro sexo.

Em outras situações, contudo, torna-se tormentoso investigar — e, sobretudo, definir — se se trata de mera amizade ou de amizade íntima. O fato, por exemplo, de o juiz ser visto com determinado indivíduo, ou grupo de indivíduos, de maneira habitual, em acontecimentos sociais, como inaugurações, festas, casamentos, práticas esportivas etc., por si só não induz a existência de uma amizade entranhada; talvez essa amizade se conforme ao conceito daquelas a que se tem denominado de "sociais", "formais" ou "protocolares". Pode dar-se, todavia, que por trás dessa aparente amizade "social" esteja um intenso sentimento de afeição entre o juiz e tais pessoas, de modo a poder-se sustentar a sua suspeição, nos processos de que participem esses indivíduos.

De qualquer modo, ainda que tenhamos referido alguns exemplos em que estaria delineada a amizade íntima do magistrado, e outros, em que essa intimidade não se configuraria, em princípio, o certo é que não se pode, de maneira apriorística, estabelecer os casos em que a amizade se situa num ou noutro polo. A verificação do grau de intensidade da amizade deverá ser realizada com vistas a cada caso concreto, segundo as particularidades que estejam a assinalá-lo. O juiz, *v. g.*, pode ter sido, efetivamente, amigo íntimo de uma das partes, mas já não ser quando do ajuizamento da ação, em virtude de o longo período de tempo sem contato com a parte ter feito diluir ou, mesmo, desaparecer o sentimento profundo de afeição que havia para com esta. Em outros casos, o que se vê não é uma amizade íntima, e, sim, uma profunda manifestação de afinidade ideológica, política, religiosa etc. do juiz, com relação a um dos litigantes, que se evidencia, *e. g.*, pelo fato de o magistrado saudá-lo, de maneira efusiva, em audiência e quase ignorar a presença do adversário, por tal forma discriminado.

Enfim, em tema de amizade íntima, o que mais há são aquelas zonas cinzentas, grises, que impedem uma nítida percepção dos fatos, fazendo com que, não raro, à míngua de elementos palpáveis, se conclua pela inexistência dessa amizade arraigada.

A norma legal também considera suspeito o juiz que possui amizade íntima com o **advogado** da parte, pois esse fato pode ter influência no espírito do magistrado não só durante a tramitação do processo (como na fase de instrução), mas, em especial, no julgamento da causa. O fato de o juiz poder considerar-se suspeito **por motivo íntimo** não justificaria a eliminação da sua amizade íntima com os advogados das partes como causa de suspeição.

Inimizade. A inimizade representa a antítese da amizade íntima, embora possam ser seus destinatários, indiferentemente, o autor ou o réu, conforme for o caso. Seja naquela ou nesta, porém, o que as caracterizam é o marcante traço da intensidade: ambas devem ser figadais, profundas, de sorte a perturbar o senso de equilíbrio e de justiça do magistrado.

Ocupemo-nos da inimizade.

No sistema do CPC de 1973, a inimizade para constituir causa de suspeição do magistrado, deveria ser **capital**, ou seja, profunda, entranhada. Pelo sistema do Código atual basta haver inimizade — sem qualquer adjetivação.

Pareceu ao legislador dispensável pespegar qualquer adjetivo à inimizade, por entender que esta, por si só, já configura a suspeição do magistrado, independentemente de sua intensidade.

Se levarmos em conta o ontológico dever de neutralidade do magistrado na solução dos conflitos de interesses, haveremos de concordar com a supressão do adjetivo **capital** feita pelo legislador.

Do mesmo modo como a vida em sociedade conduz ao estabelecimento de amizades íntimas, também produz inimizades. Não interessa ao escopo deste livro examinar as causas sociológicas dessa inimizade, nada obstante se saiba que decorrem de múltiplas razões, dentre as quais sobressaem o espírito de emulação entre os indivíduos, o contraste de opiniões e de paixões, que podem ser de natureza política, econômica, cultural, étnica (infelizmente) e o mais. A vaidade também tem contribuído, consideravelmente, para alimentar a fogueira das dissensões humanas. Assim como a competitividade.

Como elementos indicativos (ou indiciários, como se preferir) de inimizade do juiz para com a parte, podemos apontar, entre tantos, os seguintes: haver ajuizado ação, civil ou criminal, em face da parte, ou ter figurado como réu em ação promovida por esta, pouco importando o resultado do julgamento; haver, o juiz, agredido, física ou moralmente, a parte, ou ter sido por ela agredido, mesmo que, em virtude desse fato, a vítima não tenha ingressado em juízo (criminal); haver, o juiz, manifestado, publicamente, atos de repúdio profundo à parte, ou vice-versa, independentemente dos motivos que determinaram a sua atitude e de possuir, ou não, razão nessa diatribe infamante.

Mesmo nos casos acima apontados, uma regra de temperamento se impõe: se tais fatos ocorreram há muito tempo, é provável que a inimizade tenha cedido lugar a uma simples malquerença sem maiores consequências no senso de imparcialidade do juiz, de tal modo a autorizar a sua atuação no processo em que figure o antigo desafeto. Apressamo-nos a esclarecer, todavia, que o tempo, nem sempre, é um dissipador de inimizades; em muitos casos, ao contrário, ele a exacerba, impregnando, cada vez mais, o espírito do juiz e obliterando o seu dever de proceder a uma reta aplicação da norma legal. Percebe-se, por isso, o extremo cuidado que deve ter aquele a quem couber decidir se, no exemplo mencionado, a inimizade nascida de um fato ocorrido há vários anos já se diluiu na esteira do tempo, ou, inversamente, recrudesceu.

Um juiz não se tornará inimigo da parte, entretanto, pelo simples motivo de havê-la advertido em audiência ou por despacho ou com ela discutido, de forma acalorada, acerca de fatos da causa. Mesmo uma objurgação do magistrado não o fará, por si só, inimigo da parte, a ponto de torná-lo suspeito de exercer as suas funções no processo. Por mais forte razão, uma sua antipatia para com o litigante não o converterá em inimigo deste.

Um esclarecimento se torna necessário: a despeito de a norma legal aludir à parte, é elementar que será suspeito, também, o juiz que for inimigo do **advogado** da parte. Não concordamos, portanto, com certo segmento da jurisprudência que não admite, como causa de suspeição, o fato de o juiz ser inimigo do advogado da parte. Ora, não há motivo lógico para separar o destinatário dessa inimizade. Se o magistrado tiver o seu espírito dominado por forte aversão ao advogado, é evidente que haverá de deixar-se influenciar por esse sentimento mesquinho e, em função disso, tenderá a decidir contra o constituinte do advogado, máxime se levarmos em consideração que os contatos pessoais do juiz são mais frequentes com o advogado do que com a parte. Ou seja, para o juiz é mais "visível" a figura do procurador judicial, motivo por que não nos parece sensato afirmar que a suspeição somente haveria se a inimizade fosse com relação à parte, que quase não mantém contatos pessoais com o magistrado, exceto na audiência.

Conforme asseveramos há pouco, se o juiz censurar ou advertir o advogado, por algum ato ou omissão deste, seja em audiência ou não, isso não será motivo bastante para considerá-lo inimigo do advogado. Se, todavia, esse procedimento do juiz for sistemático, ou seja, ele costumeiramente advertir ou censurar o advogado, em quase todos os processos de que este participa, ainda que inexistam razões relevantes para tais admoestações, é bem provável que essa reiteração (mormente se infundada) de censuras e de advertências, por espelharem uma "perseguição" obsessiva do juiz, uma retaliação, podem assumir a feição de efetiva inimizade, e, em decorrência disso, torná-lo suspeito para atuar nas causas de que participa o advogado.

Será suspeito, contudo, o juiz que for inimigo de um ascendente ou descendente da parte, ou do cônjuge desta? Em princípio, não, pois a aversão profunda deve ser direta, equivale a dizer, ter como destinatária a própria parte. Há situações, por exemplo, em que o juiz é, longe de qualquer dúvida, inimigo de um dos litigantes, embora mantenha amizade com os filhos, com os pais ou com o cônjuge deste. De qualquer maneira, ficará reservado a cada caso concreto o prudente exame sobre a configuração dessa inimizade com o ascendente, o descendente ou o cônjuge da parte e o grau de comprometimento desse estado de espírito do juiz no tocante a esta.

Em que pese ao fato de não ser possível, conforme dissemos, fixar-se, de modo apriorístico, os exemplos (não as causas, pois estas se encontram previstos em lei) de suspeição derivante de inimizade (e de amizade íntima), podemos enunciar, com objetivo pragmático, a seguinte regra norteadora de ambas as causas de suspeição: sempre que a amizade ou a inimizade do juiz para com a parte ou seu advogado forem capazes, por sua intensidade, de influir, poderosamente, no espírito daquele, e, em razão disso, perturbar o seu dever legal de imparcialidade, ele tornará suspeito para exercer as suas funções no processo em que figure a parte — ou seu advogado, acrescentemos.

Inciso II. Constituía o inciso IV, do art. 135, do CPC revogado.

O inciso II do art. 145 enfeixa, na verdade, três causas de suspeição, a saber: a) receber presentes; b) aconselhar alguma das partes; c) subministrar meios a alguma das partes.

Receber presentes. O CPC anterior aludia ao recebimento de **dádivas.** O vocábulo, ao contrário do que supunham alguns estudiosos, não apresentava sinonímia com **doação**. Desta se ocupava o inciso III, do art. 134, daquele Código. **Dádiva** tinha o sentido de presente, oferenda, oblação, sendo produto de um sentimento, de uma afeição, que, nem sempre, se encontram presentes na doação.

O legislador da atualidade preferiu fazer uso do substantivo **presentes**.

Se o juiz receber algum presente, de uma das partes, ou de pessoa que tenha interesse na causa, antes ou depois de iniciado o processo, tornar-se-á suspeito para exercer, aí, as suas funções. O motivo pelo qual o legislador inseriu o presente no elenco das causas de suspeição do magistrado não foi, supostamente, a amizade íntima que possa estar insinuada ou evidenciada nesse ato da parte presenteadora (se fosse assim, o inciso II, do art. 145, do CPC, seria tautológico, pois a espécie já se encontra disciplinada pelo inciso I, do mesmo artigo), ou de terceiro, mas o natural sentimento de gratidão que brotaria no espírito do juiz, fazendo-o, talvez, afastar-se do seu dever de imparcialidade, para retribuir, com uma prestação jurisdicional facciosa, a generosidade da parte ou do terceiro.

É indiscutível que o presente recebido no curso do processo é muito mais comprometedor da neutralidade do juiz do que o realizado antes da instauração do processo. Pouco importa, entretanto, esse elemento cronológico. Aceito o regalo, antes ou depois de iniciado o processo, a suspeição do magistrado estará configurada. Elementarmente, se este o recusar, não se cogitará de suspeição. Note-se que a lei fala em "receber presentes". Cabe, nesta altura, um escólio a respeito do substantivo mencionado. Nada obstante o legislador o tenha utilizado no plural ("presentes"), isso não quer dizer que a suspeição do magistrado somente ocorrerá se ele receber **mais de um presente** da parte, no mesmo processo. É claro que se o mimo for de pequena monta, como um simples chaveiro, uma lapiseira comum, contendo propaganda de determinada marca, haverá necessidade de que esses presentes sejam dados com alguma repetição, e com certa exclusividade, pois, isoladamente, nada representam como elemento de risco à imparcialidade do magistrado. Quem sabe, nem sequer possam ser considerados presentes, e, sim, meros brindes promocionais. Se, contudo, o chaveiro ou a lapiseira ofertados forem de ouro e incrustados com brilhantes ou outras pedras preciosas, é patente que, pelo seu elevado valor econômico, tornará suspeito o magistrado que os aceitar, porquanto, neste caso, não têm, essas verdadeiras joias, o mínimo traço de promoção comercial, publicitária, ou, como dissemos, de "brindes" despretensiosos.

O que irá definir o presente, como causa de suspeição do juiz, nem sempre será, portanto, a espécie de objeto que lhe é ofertado, mas, sim, o seu valor econômico. Alguns bens, a propósito, são, por sua natureza, de grande valor econômico, como, *e. g.*, automóveis, apartamentos, lanchas etc. Neste caso, a suspeição do juiz, que os aceitar, é manifesta — e, sobremaneira, lamentável.

Aconselhamento acerca do objeto da causa. A função institucional do juiz é dirigir o processo e efetuar a entrega da prestação jurisdicional solicitada, nunca a de dar conselhos aos litigantes, a respeito da causa.

Se o juiz, desatento à sua posição teleológica no processo, dedicar-se a aconselhar uma das partes a agir desta ou daquela maneira; a requerer a produção de certas provas; a impugnar documentos apresentados pelo adversário; a ensiná-la a formular quesitos e o mais, é elementar que a sua atitude delineará uma censurável parcialidade, da qual brotará a suspeição inevitável. Como tantas vezes assinalamos, ao longo deste livro, o juiz é o Estado ministrando justiça; e, nesse mister, ele deve ser rigorosamente, neutro, imparcial, subministrando um tratamento igualitário às partes. Colocado entre os contendores, mas acima deles, incumbe-lhe dirigir o processo rumo ao seu acontecimento máximo, ao seu ponto de culminância, que é a sentença de mérito. Nesse ínterim, não lhe é dado lançar conselhos a nenhum dos litigantes, pois isso corresponde a uma inclinação iníqua, a um afastamento de seu ponto de equilíbrio. Sempre temos dito que nenhum juiz consegue propender para a esquerda sem se afastar da direita, e vice-versa, sem que vá, nessa advertência, algum traço de ideologia política.

O aconselhamento do juiz a uma das partes implica, a um só tempo, quebra do seu inomitível dever de imparcialidade, e ato de deslealdade ou de discriminação para com o outro litigante. Nem se imagine que inexistirá suspeição se o juiz ocupar-se em dar conselhos a ambas as partes. Duas violações de um mesmo dever, longe de converter-se em ato regular, logo, tolerável, sublinham a gravidade da violação. Juízes que assim agem, mais do que transgressores de deveres essenciais, são destemperados emocionalmente. Melhor seria que pusessem de lado a toga e vestissem beca.

Tenha-se em conta, porém, que o aconselhamento capaz de suscitar a suspeição do magistrado é o realizado nos casos concretos, submetidos à sua cognição jurisdicional. A ressalva é necessária para elucidar que se a parte reproduzir, nos autos, trechos de opiniões do juiz, manifestadas em livros, em artigos doutrinais, em conferências, ou em aulas, não fará com que este se tome suspeito, ainda que se saiba de sua natural tendência de fazer prevalecer, no caso concreto, ditas opiniões, pois estas foram expendidas abstratamente. Essas opiniões, convém observar, ele não as emitiu na qualidade de magistrado, senão que de jurista ou de professor. Mesmo que as tivesse externado como juiz, em outros casos concretos, isso não o faria suspeito para funcionar nos processos futuros, como é de uma obviedade ofuscante.

Solução diversa haveria de ser adotada se ele viesse a elaborar um parecer, sob encomenda de uma das partes, ainda que antes do ajuizamento da ação, e esse parecer fosse, mais tarde, juntado aos autos do processo. Dá-se que esse parecer, por certo, foi pago pela parte, cujo fato faz surgir determinado vínculo entre esta e o juiz. Não só por isso. É que o parecer foi pedido pela parte ao juiz-jurista, seguramente, com vistas a uma demanda futura, concreta, que, por obra da coincidência, acabou sendo submetida à apreciação jurisdicional do mesmo magistrado. Queremos crer que haja, aqui, razões ponderáveis para reputá-lo suspeito.

Para concluir: conquanto a lei (CPC, art. 145, II), se refira ao fato de o juiz haver aconselhado a parte quanto ao "objeto da causa", não se deve tomar o vocábulo "objeto" em sua acepção técnica, restrita, no sentido de pedido, ou de bem que se visa a obter ou a assegurar com o provimento jurisdicional impetrado. **Objeto**, para os efeitos do inciso II, do art. 145, há de ser conceituado como tudo aquilo que diga respeito à ação ou ao processo, *lato sensu*: fundamentos jurídicos do pedido; espécie de ação adequada; requerimentos cabíveis; impugnações; provas etc. Sempre que o juiz aconselhar uma das partes acerca desse objeto, estará ensejando a sua suspeição, decorrente de uma parcialidade injustificável.

Subministração de meios. Se o juiz, por algum motivo, fornecer à parte meios materiais para atender às despesas do processo, tornar-se-á suspeito, pois o seu ato faz transparecer uma parcialidade vedada por lei.

Certo setor da doutrina vê, nessa subministração de meios, um interesse do magistrado em relação à causa. Pode acontecer, com efeito, em algumas situações, de o juiz propiciar a um dos litigantes meios para atender às despesas processuais por estar interessado no resultado do julgamento. Em rigor, contudo, a suspeição do juiz estará caracterizada pelo fato objetivo de fornecer esses recursos financeiros à parte, pouco importando que possua, ou não, interesse na causa. A presença de eventual interesse do magistrado, a propósito, é tratada no inciso III, do art. 145, do CPC, não no II, sobre o qual estamos a discorrer.

Ainda que o juiz forneça tais recursos financeiros a ambos os litigantes isso não fará com que semelhante tratamento isonômico anule a causa da suspeição. Ao contrário, ambas as partes poderão argui-la, em peças autônomas.

A sua suspeição não deixará, ainda, de existir, se houver, apenas, emprestado à parte quantia necessária para o pagamento das despesas do processo. Esse gesto do magistrado revela, mesmo assim, a sua inclinação no tocante a essa parte, ainda que tenha sido movido por sentimentos nobres, como de filantropia ou de compaixão. Ao juiz não é dado tê-los, nos processos a que preside, pois tais sentimentos, conquanto sejam nobres e elogiáveis no geral, tornam o juiz suspeito, no particular.

Não se encaixa, à evidência, na previsão do inciso II, do art. 145, do CPC, a concessão, pelo juiz, do benefício da justiça gratuita aos necessitados, desde que regularmente requerido (CLT, art. 790, § 3º). Por outro lado, se esse benefício for concedido à parte que a ele não fazia jus ao reconhecimento da suspeição do juiz será inevitável, porquanto, em última análise, o que ele acabou fazendo foi subministrar, por sua iniciativa, meios para que a parte fosse dispensada do pagamento de despesas processuais, sem, como se disse, que tivesse direito a esse benefício. A parcialidade do juiz, na hipótese, seria indisfarçável, levando-se em consideração que as despesas processuais ficam a cargo das partes e que, muitas vezes, o pagamento delas constitui pressuposto para exercício de determinados direitos, como o de interpor recurso, contanto que — no caso — as custas devidas sejam pagas.

Sempre, portanto, que o juiz conceder o benefício da justiça gratuita a um dos litigantes, sem que este a ela faça jus, colocará à disposição do outro litigante fortes argumentos para arguir a sua suspeição, com fulcro no inciso II, do art. 145, do digesto de processo civil.

Em alguns casos, a propósito, o juiz dispensa uma das partes do pagamento das custas a que foi condenada. Se essa dispensa decorrer de comprovada modificação da situação financeira da parte, levando-a ao empobrecimento, não se há que cogitar de suspeição; se, todavia, nada justificava essa dispensa — por possuir a parte, digamos, excelente situação econômico-financeira — o ato do juiz poderá ser indicativo de parcialidade; logo, de suspeição.

Inciso III. Sendo a parte credora do juiz, de seu cônjuge, companheiro ou de seus parentes, em linha reta ou na colateral até terceiro grau inclusive, haverá suspeição do magistrado. Assim o é, porque se presume que ele poderia estar propenso, no plano psicológico, a agradar ao seu credor, e, dessa forma, afastar-se do seu dever de neutralidade na condução do processo. Não há negar que, em princípio, a parte, sendo credora do juiz, possui uma certa ascendência sobre este, designadamente se considerarmos os casos em que o débito do magistrado seja de elevada monta.

Para esse efeito, não importa se se trata de dívida vencida, ou não: leva-se em conta, unicamente, o fato objetivo de a parte ser credora do juiz.

Uma ponderação, no entanto, parece-nos indispensável: embora, segundo a vetusta parêmia latina, não seja lícito ao intérprete distinguir onde a lei não o faz, pensamos que o bom senso esteja a sugerir a inferência de que não deverá ser reputado suspeito o juiz que for devedor de uma das partes, como diversas pessoas o são, por fazer parte dos objetivos sociais desta, digamos, a concessão de crédito pessoal ou financiamento para a aquisição de bens. Citemos, como exemplo, o juiz que obteve, de determinado estabelecimento bancário, um financiamento para a aquisição de casa própria e que, mais tarde, esse estabelecimento venha a ser réu em uma ação, cujo processo deva ser conduzido pelo referido juiz. Conquanto este seja, na verdade, devedor do réu, não nos parece que deva ser, de maneira inexorável, considerado suspeito. É provável que o réu possua milhares e milhares de devedores, nas mesmas condições do juiz, razão por que o fato de este haver obtido (mediante os procedimentos usuais) um crédito junto a tal estabelecimento não o torna, só por isso, suspeito, aos olhos do autor, imaginando-se que ele, juiz, estaria predisposto a decidir em favor do réu, para não desagradar ao seu credor. Estamos afirmando, pois, que a suspeição somente estará caracterizada quando o crédito obtido pelo juiz contenha uma nota algo particular, pessoal, vale dizer, tenha sido concedido em decorrência de sua qualidade de magistrado, expressando, assim, uma espécie de deferência seletiva, de tratamento especial para com ele.

À luz desse critério que estamos a preconizar, não deverá ser inquinado de suspeito o juiz que haja adquirido mercadorias, mediante prestações periódicas, em determinada loja comercial. Assim como os estabelecimentos bancários, as lojas comerciais costumam conceder créditos, ou realizar vendas a prazo, sem que isso represente um tratamento especial, diferenciado, para com o juiz. Muitas vezes, aliás, pela quantidade de devedores que possuem, os estabelecimentos bancários ou as lojas comerciais nem sequer ligam o nome do juiz ao universo de devedores, de tal arte que a relação que se estabelece entre aqueles e o magistrado é marcadamente impessoal, abstrata e, não, particular, ou seja, em caráter especial.

O mesmo se diga quanto ao crédito obtido pelo cônjuge do juiz, ou pelos parentes destes, em linha reta, ou, na colateral, até o terceiro grau.

A propósito, o art. 145, III, do CPC, não alude ao parentesco por afinidade; apesar disso, julgamos que estes estejam alcançados pelo mencionado dispositivo. Assim também pensamos quanto ao parentesco civil, proveniente da adoção; neste caso, a situação nos parece mais nítida, em virtude do uso do substantivo **parentes**, pelo legislador, ao redigir a norma sobredita.

Suspeição haverá, também, sempre que o juiz for **credor** de uma das partes, de cônjuge ou de companheiro ou de parentes desta. Aqui, portanto, a situação é inversa das examinadas anteriormente: a parte deve ao juiz, ao seu companheiro, cônjuge ou a parentes destes.

Se, no caso de o juiz ser devedor da parte, a sua suspeição emana da presunção de que estará, psicologicamente, propenso a agradar ao credor, o que justifica o veto à sua atuação, na hipótese de ser, ao contrário, credor da parte, é uma situação algo ambivalente. Com efeito, sendo o juiz credor de um dos litigantes, tanto poderá tender a favorecer a quem lhe deve, para, desse modo, assegurar a satisfação do crédito que possui junto à parte (pois a sentença favorável poderá atribuir a esta um considerável acréscimo patrimonial), quanto poderá sentir-se motivado a decidir contra o devedor, como medida de represália, por encontrar-se este, suponhamos, em estado de inadimplência, ou, até mesmo, discutindo no juízo civil a existência da dívida, o seu valor ou a sua quitação.

Seja qual for, enfim, o móvel psicológico da inclinação do juiz, o fato concreto é que, sendo ele credor ou devedor de um dos litigantes, do cônjuge, companheiro ou parentes destes, em linha reta, até o terceiro grau, inclusive, torna-se suspeito de exercer as suas funções no processo de que este participe.

Inciso IV. Reprodução literal do inciso V, do art. 134, do CPC revogado.

O juiz não é parte na relação processual, mas é, sim, sujeito desinteressado do processo. Assim dizemos porque a ele não é lícito possuir interesse nos processos que dirige, utilizado aqui o vocábulo **interesse** em seu sentido técnico, ligado à necessidade de a parte obter um provimento jurisdicional ou à utilidade que esse provimento pode representar para o seu círculo jurídico ou patrimonial.

Sendo, o magistrado, o Estado distribuindo justiça, não seria tolerável que pudesse, sempre que isso fosse de sua conveniência, abandonar o seu ontológico dever de neutralidade para manifestar interesse no julgamento da causa e, mais do que isso, procurar fazer com que, por suas mãos, as coisas se dispusessem, em concreto, segundo tais interesses que possuísse.

A imparcialidade, por ser, como frisamos, um elemento ontológico da magistratura, faz, até mesmo, com que soem pleonasticamente expressões como: "juiz imparcial"; "juiz neutro", como se fosse possível a existência, como regra, de juízes "parciais".

O interesse, capaz de conduzir à suspeição do magistrado, tanto pode ser de natureza econômica, moral, política, religiosa, étnica etc. É conveniente rememorar, aliás, que o Código de Processo Civil de 1973, ao contrário de 1939, não exigia que o interesse, como uma das condições da ação, fosse econômico ou moral, embora afirmasse que seria necessário para "propor ou contestar ação". Havia, porém, nessa dicção do Código de 1973 um manifesto *minus dixit quam voluit*, por nós tantas vezes denunciado, porquanto o interesse era — e continua sendo —, indispensável também para excepcionar, contestar, recorrer, impugnar, embargar e o mais. Em suma, o interesse, como uma das condições da ação e como requisito para a prática de qualquer ato processual, não precisa ser qualificado de econômico ou moral. O CPC em vigor não incidiu no mesmo deslize, pois assevera que o interesse (ao lado da legitimidade) é indispensável para **"postular em juízo"** (art. 17).

Embora o magistrado não seja parte, ele acaba por externar, em determinados casos, e contra a lei, interesse na causa. Faz-se recomendável, entretanto, uma ponderação: se o interesse do juiz for daqueles essencialmente **jurídicos**, não deverá ser considerado suspeito. Se, por exemplo, se discute na causa a constitucionalidade, ou não, de lei ou de ato normativo do poder público, o juiz, como um estudioso do Direito, pode ter, em abstrato, "legítimo" interesse em pronunciar o antagonismo da norma infraconstitucional com a Suprema Carta Política do País. O interesse **intelectual** na matéria sobre a qual contendem as partes não torna o juiz interessado no julgamento. Caso, entretanto, esse interesse intelectual não seja abstrato, estando, ao contrário, vinculado a um outro, de natureza econômica, moral, política, religiosa etc., que o juiz possua, a sua suspeição adquire contornos visíveis, motivo por que poderá a parte requerer, mediante exceção (CLT, arts. 801 e 802), o seu afastamento da condução do processo.

Questão instigante, por nós já enfrentada, pela rama, em páginas transatas, diz respeito à suspeição do magistrado quando o direito em disputa também lhe pertencer. Perceba-se que estamos falando, a partir de agora, em direito, não em simples interesse. Imaginemos, *v. g.*, que o juiz seja condômino em um imóvel, que esteja sendo reivindicado por um dos condôminos, perante terceiro. Conquanto o juiz não apareça como parte, nesse processo, há um seu direito, como condômino, sendo debatido em juízo. Poder-se-ia pensar, aqui, em suspeição do magistrado, em face do seu notório interesse na causa; entendemos, contudo, que ele estará, na verdade, impedido de exercer as suas funções nesse processo, em decorrência de o seu direito, derivante do condomínio, estar em disputa.

Há, também, controvérsia doutrinária a respeito da suspeição do magistrado que tiver de apreciar ação em que estão sendo postulados direitos dos quais ele será beneficiário imediato. Imaginemos, por exemplo, que os juízes federais (aí incluídos os do trabalho), de determinada região, ingressem na Justiça Federal, pretendendo obter um reajuste de vencimentos, que lhes teria sido sonegado pelo Governo Federal. É evidente que o Juiz Federal, a quem a petição inicial for distribuída, terá interesse na causa, na medida que se beneficiará da sentença que vier a proferir, caso acolha os pedidos formulados pelos autores — em cujo rol ele está inserido. A nosso ver, não se poderia pensar, na espécie, em suspeição, pois o referido juiz é parte da causa; logo, a discussão deve ser deslocada para o campo do impedimento (CPC, art. 114, IV). Ainda que a solução seja perturbadora dos princípios, parece-nos que o caráter excepcional da situação autorizaria a participação desse magistrado no processo. A entender-se que ele estará impedido, estar-se-á conduzindo o problema a um impasse, a uma aporia, pois se todos os juízes federais de primeiro grau, de determinada região, são parte na ação, isso significa que a eventual lesão de direito material, por eles sofrida, ficaria sem apreciação, sendo violentado, desse modo, o direito público subjetivo de ação, que a Constituição Federal assegura a todos os indivíduos (art. 5º, inciso XXXV). Dizer-se, por absurdo, que a ação deveria ser apreciada por juízes federais de outra região judiciária seria, não apenas, deitar por terra as regras fixadoras da competência territorial, mas, sobretudo, pensar-se que essa providência resolveria o problema, em sua raiz. Ora, ainda que tais juízes não fossem impedidos, por não serem parte no processo, possuiriam interesse na causa, em decorrência da matéria debatida nos autos. Dessa forma, nada mais se faria do que contornar o impedimento para cair na suspeição. Não é o caso de aplicar-se, aqui, a regra do art. 102, I, "n", da Constituição Federal, pois o interesse na causa não é de **todos** os membros da magistratura, senão que, apenas, dos juízes federais.

A situação em foco, contudo, difere daquela em que o juiz tem diante de si uma ação idêntica à que ajuizou. Digamos, *e. g.*, que o autor esteja alegando a nulidade de determinado ato de autoridade administrativa, contra o qual o magistrado também havia se insurgido e, em razão disso, ingressado em juízo, visando a anulá-lo. Nesse caso, a identidade de matéria faz aflorar a suspeição do magistrado, pois é razoável supor que ele tenderá a decidir, em prol do autor, exatamente porque ajuizou ação igual, perante outro juízo, em que pretende obter o mesmo resultado prático que o daquele. A respeito desse exemplo, duas observações se impõem. Primeiramente, não há, aqui, mero interesse intelectual do magistrado, senão que um interesse concreto, material, de índole provavelmente econômica; segundamente, a sua suspeição deriva não só desse interesse, mas é reforçada pelo fato de que um outro juiz poderia apreciar a demanda, supondo-se que tal magistrado não estivesse a buscar em juízo a decretação da nulidade do referido ato administrativo.

No exemplo anterior, em que a ação foi ajuizada por todos os juízes federais de determinada região, nenhum outro haveria, na mesma região, que pudesse apreciá-la sem estar, virtualmente, impedido, por ser parte na relação jurídica processual. Para situações excepcionais, há que se encontrar soluções também excepcionais, insólitas. É o que poderíamos denominar de "lógica das excepcionalidades".

§ 1º Após haver arrolado, no art. 145, *caput*, as causas de suspeição do magistrado, o CPC estatui, no § 1º, que ele poderá, ainda, declarar-se suspeito por motivo de foro íntimo.

Essa disposição não constitui novidade, no plano do processo civil, porquanto já constava do Código de 1939 (art. 119) e do de 1973 (art. 135, parágrafo único). A diferença os textos legais de 1939 e de 1973 estava em que, no 1939, o juiz, ao considerar-se suspeito por motivo íntimo, deveria comunicar os correspondentes motivos "ao órgão disciplinar competente" (art. 119, § 1º). Se o juiz deixasse de efetuar essa cientificação, e os motivos da suspeição (apreciados em segredo de justiça) fossem reputados irrelevantes, ele ficaria sujeito à pena de advertência (art. 119, § 2º). O Código de 1973 não exigiu essa comunicação. O CPC atual manteve a regra ao dispor que o juiz poderia considerar-se suspeito por motivo íntimo "sem necessidade de declarar suas razões".

A expressão: "motivo de foro íntimo", contida no art. 145, § 1º, do CPC em vigor, é algo vago, porque deixa ao talante exclusivo do magistrado a natureza da razão pela qual se considerou suspeito para exercer as suas funções no processo. O que se pode construir, doutrinariamente, acerca do assunto, é que esse motivo "de foro íntimo" não pode ser identificado com nenhuma das causas mencionadas pelo art. 145, do mesmo Código.

Teria sido acertado o fato de o legislador da atualidade haver dispensado o juiz de informar ao órgão competente o motivo de a sua íntima suspeição? Entendemos que não. Se, de um lado, pode-se dizer que essa comunicação poderia criar um certo constrangimento ao magistrado, de outro deve ser levado em conta o fato de que a desnecessidade dessa comunicação à Corregedoria pode fazer com que alguns juízes usem o "motivo íntimo" como pretexto para reduzir o seu volume de trabalho, pois, por tal modo censurável, deixarão de participar de alguns ou de muitos processos.

Não estamos, com isso, asseverando que todos os juízes seriam tentados a tais expedientes pouco éticos, até porque os juízes são altamente operosos e responsáveis no desempenho das funções inerentes ao cargo. Parece-nos, todavia, que a existência de um dever do magistrado comunicar as razões determinantes de sua íntima suspeição corresponderia não só a dar uma certa satisfação à Corregedoria, mas a evitar que, mesmo em situações esporádicas, a falta da revelação desses motivos pudesse deixar a critério exclusivo do juiz a escolha dos processos de que não desejasse participar, sem uma razão ponderável.

Embora não haja, no sistema do processo civil vigente, um dever de o juiz indicar os motivos íntimos pelos quais se declarou suspeito (bem ao contrário, a lei o dispensa dessa comunicação) é sempre recomendável que ele os revele ao corregedor, por uma questão de ordem **ética**, mesmo que não venha a ser solicitado a fazê-lo. De qualquer modo, é óbvio que o juiz terá de cientificar ao presidente do tribunal a sua declaração de suspeição por motivo íntimo, a fim de que seja designado outro juiz, para funcionar naquele processo. É proveitoso registrar que o texto do anteprojeto do CPC de 1973, após referir a faculdade de o juiz considerar-se suspeito por motivo íntimo, trazia a expressão: "cuja revelação lhe cause grave dano moral". Por força da emenda n. 196, apresentada pelo Deputado Dias Menezes, foi suprimida a mencionada expressão. Em todo o caso, ela deixava claro que o juiz só poderia declarar-se suspeito por motivo íntimo se a revelação dos motivos fosse capaz de acarretar-lhe grave dano moral. Embora essa locução haja sido eliminada do texto, cremos que o seu espírito deve constituir uma espécie de diretriz ética a ser observada pelo magistrado, sempre que estiver propenso a dar-se por suspeito, em virtude de razões de foro íntimo.

Mesmo reconhecendo que o juiz não está obrigado a indicar o motivo íntimo de sua suspeição, isso não quer dizer que ele poderá fazer uso abusivo dessa faculdade, sem submeter-se a nenhum controle, por parte do corregedor. Se, com frequência, ele declarar-se suspeito sob com esse fundamento, é indispensável que o corregedor procure inteirar-se acerca dos motivos que levam o juiz a afastar-se, seguidamente, da condução dos processos. Não se pode desconsiderar, em episódios como tais, o direito das partes a uma prestação jurisdicional célere (CF, art. 5º, LXXVIII) — direito que poderá ficar duramente comprometido com a reiterada designação de outros juízes para atuarem nos processos em que o titular se deu por suspeito e a demora que essa designação, muitas vezes, acarreta. A situação fica tanto mais grave se considerarmos as regiões em que o número de juízes substitutos é escasso.

Anteriormente ao advento do atual CPC, o Conselho Nacional de Justiça editou a Resolução n. 82/2009, determinando aos magistrados de primeiro e segundo graus que comunicassem à Corregedoria Regional ou à Corregedoria do próprio CNJ, respectivamente, os motivos que os levaram a declarar-se suspeitos por motivo íntimo. Entretanto, a Associação Nacional dos Magistrados do Trabalho — Anamatra — e a Associação dos Magistrados Brasileiros — AMB — ingressaram, no Supremo Tribunal Federal, com a ADI n. 4.260, por entenderem que a referida Resolução do CNJ ofendia alguns dispositivos constitucionais, como os pertinentes às garantias da imparcialidade e da independência dos juízes e do devido processo legal; ao direito à privacidade e à intimidade dos magistrados; à isonomia de tratamento entre os magistrados, pois somente estavam obrigados à indicação dos motivos de suspeição por foro íntimo os magistrados de primeiro e de segundo graus de jurisdição, e não os dos Tribunais Superiores. A Anamatra e a AMB argumentaram, ainda, que o CNJ não em competência em razão da matéria, pois esta é da competência privativa da União. Posteriormente, a AMB, a Anamatra e a Ajufe impetraram mandado de segurança no STF (autos n. 34.316), tendo o relator, Ministro Teori Zavacski, concedida liminar aos impetrantes. Algum tempo depois, o CNJ, pelo Ato normativo n. 0003154-94.2016.2.00.0000, revogou a Resolução n. 82/2009.

Em livros anteriores, já afirmávamos que essa Resolução do CNJ havia ficado prejudicada com o advento do CPC de 2015.

Assim afirmávamos por entendermos que o parágrafo único do art. 145 do CPC seria aplicável, em caráter supletivo (CLT, art. 769), ao processo do trabalho.

§ 2.º Em vez de declarar que a alegação de suspeição seria "ilegítima", o legislador teria andado em melhor caminho se dissesse que ela **não seria admitida**.

Inciso I. Há um vetusto apotegma jurídico, de origem latina, segundo o qual ninguém pode beneficiar-se da própria torpeza (*nemo turpitudinem potest*). Desse modo, se a parte provocar a suspeição do magistrado, não a poderá denunciar na causa. Em princípio, apenas a parte possui legitimidade para arguir a suspeição, pois somente ela pode **alegá-la**. É à parte que se dirigem os arts. 146, *caput*, e 148, § 1º, do CPC.

Inciso II. Incumbe à parte alegar a suspeição do magistrado no prazo de quinze dias do conhecimento do fato; se não o fizer, estará precluso o seu direito de alegá-la. Por outro lado, se ela vier a praticar determinado ato, após ter conhecimento da existência de causa justificadora da suspeição do magistrado, essa sua atitude é interpretada pelo Código como aceitação tácita da atuação do magistrado. Cuida-se de uma espécie de transposição para o terreno processual do difundido ditado popular: "Quem cala, consente".

No sistema do atual CPC, a suspeição deve ser alegada "em petição específica" (art. 146, *caput*), não mais sob a forma de exceção. No processo do trabalho, conforme procuraremos demonstrar no comentário ao próximo artigo, a exceção e o impedimento devem continuar sendo objeto de **exceção.**

Outros casos de impedimento e de suspeição

Dispõe o art. 147 do CPC que quando dois ou mais juízes forem parentes, consanguíneos ou afins, em linha reta ou na colateral, até o terceiro grau, inclusive, o primeiro que conhecer do processo impede que o outro nele atue, caso em que o segundo se escusará, remetendo os autos ao seu substituto legal.

Como a espécie é de impedimento e não de suspeição, cremos que se o segundo juiz não se escusar poderá ser recusado pela parte interessada, que, para tanto, não necessitará fazer uso da exceção, podendo solicitar o afastamento do juiz por simples petição. Assim pensamos porque sendo o impedimento um defeito gravíssimo, não pode a sua arguição ficar sujeita à forma e ao prazo da exceção. Mais uma vez, alertamos para a particularidade de que unicamente o impedimento torna a sentença ou o acórdão rescindíveis; nunca, a exceção.

Os motivos de impedimento e de suspeição, constantes dos arts. 144 e 145 do CPC, aplicam-se também:

a) ao membro do Ministério Público

b) aos auxiliares da justiça;

c) aos demais sujeitos imparciais do processo (CPC, art. 148, I a III).

Nesse caso, a parte interessada deverá arguir o impedimento ou a suspeição em petição fundamentada e devidamente instruída, na primeira oportunidade em que lhe couber falar nos autos (art. 148, § 1º). O relator mandará processar o incidente em separado e sem suspensão do processo, ouvindo o arguido no prazo de quinze dias, facultando a produção de provas, quando necessárias, e decidindo em seguida (CPC, art. 148, § 2º).

Como vimos, o art. 799 da CLT, repetindo o equívoco cometido pelo CPC de 1939, apenas faz menção às exceções de suspeição e de incompetência, omitindo, pois, a de impedimento. O art. 802 traça, de maneira superficial (logo, inadequada), o procedimento relativo à de suspeição, em primeiro e segundo graus.

Essa precariedade da norma legal fez com que os tribunais do trabalho procurassem estabelecer, de modo mais minudente, o procedimento das exceções de suspeição e de impedimento.

Em linhas gerais, a disciplina ditada pelas normas *interna corporis* dos sodalícios trabalhistas é a que a seguir se descreverá:

a) Se suspeitos forem o relator ou o revisor, estes deverão manifestar a sua escusa mediante despacho nos autos. No caso, do relator, os autos irão ao

Presidente da Corte, para nova distribuição; no do revisor, os autos passarão ao juiz que lhe seguir na ordem de antiguidade. Nos demais casos, o juiz declarará seu impedimento ou suspeição, verbalmente, na sessão de julgamento (da ação rescisória), registrando-se na ata a declaração.

b) A arguição de suspeição ou de impedimento deverá ser oposta até antes de ser anunciado o julgamento, quanto aos juízes que dele tiverem, necessariamente, de participar; quando o inquinado de suspeito for o substituto, o prazo passará a fluir do momento de sua intervenção nos autos.

c) A suspeição ou o impedimento deverão ser deduzidos em petição assinada pelo advogado da parte, com poderes para tanto, e dirigida ao relator, indicando os fatos que a motivaram, acompanhada de prova documental e rol de testemunhas, se houver.

d) Se o juiz inquinado de suspeito ou de impedido for o relator ou o revisor, e se reconhecer a causa que lhe é imputada, mandará juntar a petição com os documentos que a instruem e, por despacho nos autos, ordenará a remessa destes ao Presidente, que providenciará a substituição. Não aceitando a causa da suspeição ou do impedimento, o juiz permanecerá vinculado à causa, mas será suspenso o julgamento até a solução do incidente.

e) Autuada e conclusa a petição, e se reconhecida preliminarmente a relevância da arguição, o relator mandará ouvir o juiz recusado, no prazo de três dias, e, com a resposta ou sem ela, ordenará o processo, inquirindo as testemunhas acaso arroladas. Quando o averbado de suspeito ou de impedido for o relator da rescisória, será designado novo relator para o incidente. Se a recusa do juiz for de manifesta improcedência, o relator a rejeitará *in limine*.

f) Atendidas as formalidades mencionadas na letra anterior, o relator levará o incidente à mesa, na primeira sessão que se seguir, para que nela se proceda ao julgamento, sem a presença do juiz recusado.

g) Admitida a suspeição ou o impedimento do relator, ter-se-á por nulo o que houver sido processado perante ele, sendo o feito redistribuído.

Costumeiramente, os Regimentos Internos dos Tribunais, após fixarem o procedimento da exceção, reproduzem a declaração contida no art. 799, *caput*, da CLT, no sentido de que "Nas causas da jurisdição da Justiça do Trabalho, somente podem ser opostas, com suspeição do feito, as exceções de suspeição ou de incompetência"; ao fazê-lo, contudo, acabam consagrando o deslize que está a comprometer a exação científica daquele texto legal, representado pelo silêncio quanto à exceção de impedimento. O Regimento Interno do TST, felizmente, não comete essa escorregadela.